中公新書 2386

岡本真一郎著

悪意の心理学

悪口、嘘、ヘイト・スピーチ

中央公論新社刊

はじめに

「大阪にとって天の恵みというと言葉が悪いが、本当にこの地震が起こってよかった」

東日本大震災直後の二〇一一年三月二〇日、大阪府議会選挙に立候補を予定していた自民党の長田義明《ながたよしあき》大阪府議会議長（当時）の事務所開きでの発言である。この発言の背景には地震のために大阪府庁の機能を移転させる予定の庁舎の一部が損壊したので、防災拠点としての再検証が必要になったということがあった。

発言に対しては、不適切であるという非難が殺到した。彼は謝罪したが党からは公認を取り消され、選挙には立候補したものの落選することになった(1)。

「JAPANESE ONLY」

二〇一四年三月八日、このような横断幕が掲げられた。埼玉スタジアム2002で行われたサッカーJ1、浦和レッズのホームゲームの試合でのことである。あるサポーター・グループが準備したもの。「ここは我々日本人の領域だ」という主張があったという。試合終了まで一時間以上撤去されなかった。

外国人差別だという声が上がり、浦和レッズは無観客試合のペナルティを課された。また、

横断幕を掲げたサポーター・グループは、競技場への無期限の出入り禁止を命じられた。(2)

「(遠足に)行くのは死ぬよりつらい」「遠足中止しなければ自殺する」

二〇一四年三月二四日に岐阜県のある高校に届けられた手紙には、こんなことが書いてあった。遠足は翌日に予定されている。驚いた高校では、ただちに全生徒に確認したが、該当するような事実は見当たらない。遠足は予定通り実施されることになった。ところが当日の朝、予約したはずのバスが一台も来ない。不審に思って旅行会社に問い合わせたところ、バスは担当の男性社員のミスで手配されていなかった。

前日の手紙は、この社員がミスを隠蔽《いんぺい》しようとしたための自作自演であった。男性社員は後日、偽計業務妨害の疑いで逮捕され、会社も解雇された。(3)

人はコミュニケーションによってさまざまな恩恵を受けている。他者に何か事実を知らせる、必要なものを入手する、新しい知識を得るというだけではない。誰かに気持ちを話すことで心の安らぎが得られることもある。また、ことばによって協力しあい、助けあうこともできる。テレビ、ラジオや新聞などのマスコミも多くのことを伝えてくれる。近年はさらにインターネットによる多様な情報の発信、受信なども加わり、コミュニケーションの恩恵は計り知れないものになっている。

しかし、コミュニケーションにはマイナスの側面もある。誰かをことばによって不快にさせる、傷つける、差別する、騙《だま》す、など……。ことばとコミュニケーションが存在するゆえに、日々多くの被害者、犠牲者が生み出されることになる。コミュニケーション手段の多様化は、こうした傾向を増大させているともいえよう。

本書では、こうしたコミュニケーションにおける負の側面に着目する。そしてそれを、心理学と言語学の観点から考えてみようと思う。すなわち、他者に不快感や被害をもたらす「悪意」のコミュニケーションについて、具体的には失言、攻撃、嘘《うそ》、偏見と差別など種々の問題について論じていく。日常の対人関係の中で見られるもの、政府関係者など公人の発言、また、インターネットを通じて広まるものなど、実際の例も含めて具体例をいろいろ取り上げる。そして言語コミュニケーションに関する、心理学（言語心理学、社会心理学）の最近の知見を中心に、言語学（語用論や社会言語学）の研究も踏まえて、分析、検討していく。

言語とコミュニケーションの基本事項に関しては、前著『言語の社会心理学』（中公新書）で説明したので、できるだけそれとの重複を避けるようにした。前著で取り上げた事項も、それとは異なった視点から説明するように努めた。ただ、第1章についてはどうしても重なりがある。前著を読まれた方は読み飛ばしていただければと思う。

なお、第1章から順に議論を積み重ねていく構成にはなっているが、興味のある章を先に読んでから前に戻っても、十分に理解していただけると考える。

本書が、読者がコミュニケーションに潜む負の諸側面について考え、他者とのよい関係を築いていくきっかけの一つとなれば幸いである。

目次

第5章　こじれていく関係――セクハラとクレーマー――　135

イラスト・杉山佳菜子
図版制作・関根　美有

第1章　コミュニケーションのしくみ——言語、非言語が伝えること

山中：課長、書類ができました。
課長：ああ、ありがとう。山中君は仕事が実に丁寧だねえ。
山中：申し訳ございません。いつも仕事が遅くて。
課長：いや、ほんとうに褒《ほ》めてるんだよ。

人はさまざまなことを伝える。面と向かっての会話で、電話で、手紙で、メールで、ツイッターでというように、手段もさまざまである。はっきりとことばとして表現されたことだけでなく、現れていない微妙な感情なども伝えることができる。しかし伝えたいことがうまく伝わらないことがあるし、余分なことが伝わってしまう場合もある。褒めるつもりで言ったことが、批判と受け取られる、という右の例のように……。

この章では、コミュニケーションの基本について考えてみよう。言語と非言語（身振り、表

情など）の役割とことばによる対人配慮に関し、心理学や言語学の知見をもとに概略を述べる。これらを第2章以降で、本書のテーマである「悪意」と関連づけることになる。

（1）コミュニケーションの過程

コミュニケーションのモデル

コミュニケーションにおいては、何がどのような手段によって伝わるのか。ことばからは、そこに表現されていないことも伝わる。表情、身振りなど非言語的な手段もいろいろなことを伝える。これからの説明の便宜のために、コミュニケーションのモデルを示しておく。それは図1―1のようなものである。[1]

コミュニケーションの送り手がことばとして発する、一定のまとまりを**発話**という。「私は山本と申します」「こっちへ来い」「おなかがすいたけど、ごはんできた？」はいずれも発話である。書きことばやメールなどの場合も便宜上発話と呼ぼう。

発話によって送り手から受け手に何かが伝わる。ただし自動的に伝わるのではない。受け手の側はいろいろな推測を行う必要がある。送り手の側も受け手が推測を行ってくれることを期待して、発話を行うことが多い。たとえば、単純な、「それとって」や「夕べあの人に会ったよ」といった発話でも、「それ」が受け手の目の前にある『吾輩は猫である』という本であるとか、「あの人」が山田さんであるとかの推測が必要である。そのさい、言語だけでなく、あとで述べるような非言語の種々の情報も利用することがある。さらに送り手と受け手の共通の知識や仮定（共通の基盤）も推測の手がかりになる。共通の基盤として何があるか自体も推測される。それには二人が現在いる場面（もし対面状況なら同じ場面にいるから共有するものは多い）、これまでにどんなことを話してきたか、また、二人がどんな社会（地域、組織など）に属しているかなどが手がかりになる。[2]

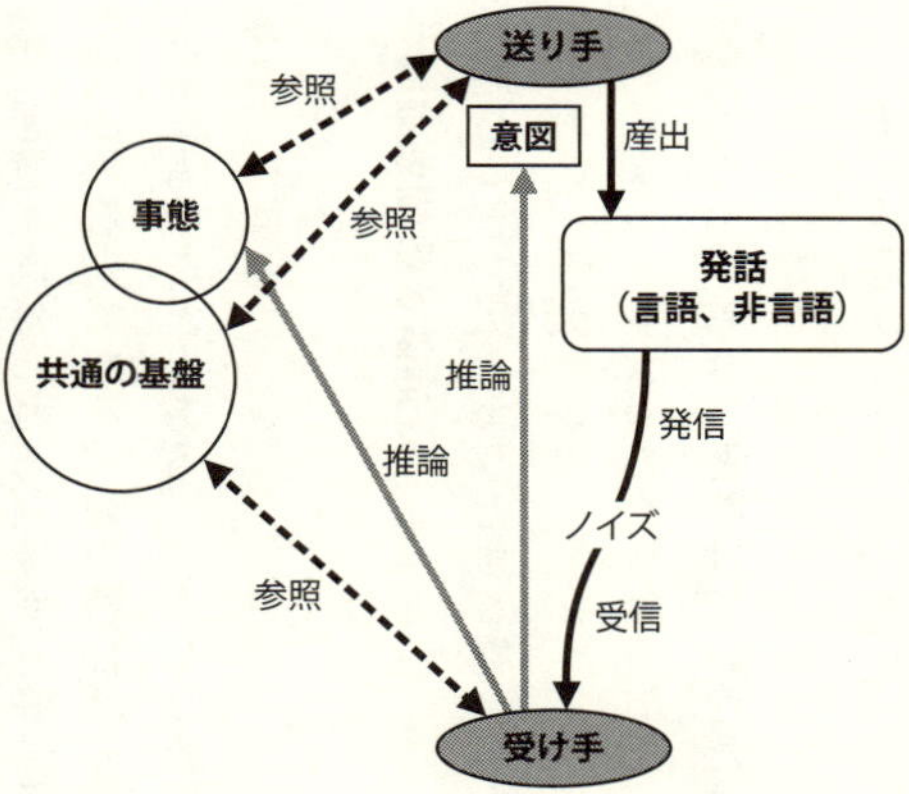

図1―1　コミュニケーションのモデル
（岡本，2013: p.57を修正）

実際には送り手と受け手はたえず交替するし、二人が同時にことばを発するということも多い。このモデルは現実を単純化したものであることをお断りしておく。

本書は面と向かっての会話や電話のような話しことばを念頭に置くことが多いが、議論の大半は手紙やメールのような書きことばの場合でも当てはまる。送り手と受け手は、話しことばの場合は話し手と聞き手、書きことばの場合は書き手と読み手ということになる。

また、本書で扱うコミュニケーションの多くでは、悪意が向けられる対象が存在する。たとえば攻撃をされる人や組織であるとか、嘘によって騙される人である。嘘の場合はそれは聞き手自身であるが、攻撃される対象は聞き手のことも第三者のこともある。こうした悪意の対象となる犠牲者のことを一括して、**ターゲット**と呼ぶことにする。

言語表現の多様性

同じことを伝えようとする場合にも、

おい、手伝えよ。

ちょっと手伝ってくれないかな。

あのお、ちょっと助けていただけるとありがたいんですけど。

手伝ってくれへんか?

君、今暇かな?

のようにさまざまな言い方のバリエーションがある。方言の違いもあるし、日本語では敬語もあってとくに多様である。こうした使い分けは言語によって何を伝えるか、とくに相手に対して配慮する、軽蔑《けいべつ》するなど、どんな感情を伝えるかということに関して大きな意味を持つ。

非言語的コミュニケーションのチャネル

表1—1　コミュニケーションのチャネル

音声言語 言語、音声、表情、視線、体の動き（頭の動きやジェスチャー）、姿勢、対人距離、（服装、装飾品、化粧）
文字言語 言語、諸記号、顔文字・絵文字、字体・フォント、筆記スタイル（筆記具・印刷器具）、文字色、レイアウト、用紙

発話には言語的要素に必ず非言語的要素が加わる。これら非言語的要素も伝達に重要な役割を果たす。話しことばの場合なら、ことばの調子（速さ、声の高さ、流暢《りゅうちょう》さなど）、表情、身振り、視線、姿勢（ふんぞりかえっているか、かしこまっているかなど）、そして身体の動き（ジェスチャー）によっても多くが伝わる。たとえば、うなずく、手招きをする、誰かを指さす、また何かに顔を向けることでそれを注視していることを示すなど。相手とどの程度の距離で接するかも何かを伝える可能性がある。これらの個々の要素のことを**チャネル**という。

言語チャネルは、送り手が自分で思うようにコントロールできる度合いが大きい。これに比べて、非言語諸チャネルには、コントロールしにくいものも多い。たとえば表情や口調は必ずしもうまくコントロールできないことがある。そのため隠そうとした感情が現れてしまう。

書きことばの場合も非言語チャネルが存在する。たとえばいろいろな記号（！や？など）を用いる、字体やフォント、文字の大きさを調整する、手書きにするか印刷するかなどがその例である。メールの伝達では、顔文字や絵文字が頻用されることも多い。書きことばに関しては言語チャネルはもちろん、非言語チャネルもおおかたはコントロール可能である。

チャネルの種類を表1―1にまとめておく。

単語の意味

さて、このように多様な言語・非言語チャネルによって何が伝わるだろうか。

まず、単語からはその単語が表す意味が伝わる。しかしそもそも一つの単語自体が、一つのことだけを伝えるのではない。「意味」にはさまざまな捉《とら》え方がある。一つの区分として、デノテーション（denotation）とコノテーション（connotation）という区別が用いられる（注1―1）。デノテーションは一次的な意味であり、たとえば「豚」であればそれが指示する特定の動物である。一方、コノテーションは副次的意味であり、「太っている」「不潔である」「なんでも食べる」といったさまざまなニュアンスを指す。[3] 日本語で、

お前はブタみたいだ。

と言えば侮蔑《ぶべつ》的になるが、これは「豚」のコノテーションによる。

発話から伝わること

コンビニエンス・ストアで、男性客がアルバイト店員に次のように苦情を言っている。

またサラダが品切れやないか。あきれたわ、駅裏のエイト・マートに全然負けとるで。ど

うしてそんなに品揃《しなぞろ》えが悪いん？　店長にちゃんと伝えとけよ。

ここではまず、客は店員に対して事実（命題内容）を言明するほか、問いかけたり命令したりしている（言語行為）。そうしたことを通じて、そして、口調や表情など非言語諸チャネルから伝わるものも加えて、店員にはいろいろな推測も可能になる。たとえば、客が前にも来店したが、そのときもサラダが切れていたことがあった、客は店員が店長ではないと（正しく）認識している。客はエイト・マートにも買い物に行っている（発話内容からの推測）。客が店をどう評価しているかも分かるし、客のかなり険悪な感情も感じられる（非言語も含めた話し方からの態度の推測）。客が関西人、かなり傲慢《ごうまん》な人物というような想像もできるだろう（話しぶりからのアイデンティティの推測）。また、こうしたことから、店員に何らかの影響を与える。たとえば、店員はずいぶん乱暴な言い方で侮辱されたと感じるかもしれない。そしてこの客を恐れ、嫌いになるだろう（コミュニケーションの効果・影響）。

このように発話は事実だけでなく、いろいろなことを伝え、いろいろな効果・影響をもたらす。

発話からの推測

右の客の発話では、字義的に明言された内容ももちろんあった。これを**表意**という。しかしそのほかに、そこからいろいろ推測されうる内容があった。

これらの推測にはさまざまなタイプが存在する。まず、「太郎は次郎より背が高い」からなされる「次郎は太郎より背が低い」のような論理的なタイプがある。この推測は語の意味と構文に規定されるものだから、どんな場面で発話されても必ず当てはまる。一方、「私は今、五万円持っています」と言えば、通常は「五万円を超えて（たとえば六万円）は持っていない」という推測が生じるだろう。しかし、これは常に当てはまるわけではない。たとえば、

業者：手付金は五万円ですが、今お持ち合わせでしょうか？
客：はい、私は今、五万円持っています。

というやりとりでは、「五万円を超えては持っていない」という推測は必ずしも生じないだろう。つまりどんな状況で発話がなされるかに左右される。

字義的ではなく推測として伝わることは日常非常に多い。それには非言語チャネルも一役買っているし、どんな状況で発話されるかも影響する。そして「悪意のコミュニケーション」では、この推測は重要な意味を持ってくる。第3章以降で詳細に述べることにする。

(2) 敬語とポライトネス

ことばと配慮

ことばはさまざまなニュアンスを伝えるが、なかでも重要なのが**配慮**であろう。配慮は第一

に聞き手に対するものだが、第三者にも向けられるし、また、話し手自身も配慮の対象になる。何かを伝えるとき、いろいろな言い方があると述べたが、そこから必ずどれか一つを選ばなければならない。どんな言い方をするかは、何かを伝えるときに必ず付随する問題である。その、それぞれの言い方に関して、配慮が適切かどうかが関わってくる。

狭義の敬語

日本語には**敬語**があるということは、今さら述べるまでもないであろう。ただし、こういう場合の敬語というのは、単に丁寧な言い方、他者に配慮した言い方という意味ではない。相手を配慮した丁寧な言い方は、世界のどの言語でも存在する。日本語の敬語で特徴的なのは、尊敬語、謙譲語、丁寧語等の「敬語表現専用の規則的な文法手段」を有し[4]、「言語体系・言語行動のほぼ全般にわた」るという点である[5]。このため、「私は中村教授が話すのを聴いた」という内容はこれ以外に「私は中村教授が話されるのを聴きました」「私は中村教授がお話しになるのを拝聴しました」のように、さまざまな丁寧さの異なる表現で相手や他者に対する配慮を言い分けることができる。これはもっと広い意味での対人配慮表現（後述）と区別する意味で「狭義の敬語」と呼ばれることもあるが、本書では「敬語」といったらこの狭義の敬語を指す。

そして、こうした敬語が、主に対人関係によって使い分けられることもよく知られている。たとえば目上の人や親しくない人に対して、また、改まった場面では敬語を使うなどである。

これらの使い分けは社会的な約束事（社会規範）として意識されている。「マニュアル」も多く刊行されている。そしてこれを守らないことは「失礼な言い方」になるとされる。

相手の呼び方

日本語で敬語と関連が深いものとして、相手をどう呼ぶかということがある。どんな呼び方があるだろうか。

野田様、お呼びでしょうか？

ヒロキ、君は今度どこへ行くつもりだ？

お父さん、お土産買ってきてね。

山田さん、あなたは何を食べるの。

おはようございます。部長。

中西先生、質問があるのですが。

相手の呼び方には、二人称代名詞（君、あなた）のほか、相手の名前、親族名称（お父さん）、役職名（部長）のようにさまざまなものがあるので、これらをまとめて**対称詞**という。

日本語の対称詞の使い分けには大きな原則がある。自分よりも上位者は「お父さん」「部長」「中西先生」のように親族名や、（名前＋）役職名は使えるが、代名詞や名前では呼ばない。逆に下位者に対しては親族名や役職名ではなく、「ヒロキ」や「あなた」のように名前（＋さん、君、ちゃん）や代名詞を用いる。(6) この原則は絶対ではないが、大きく外れると不自然である。そしてこれを土台にして、相手との関係によってさまざまな言い方が使い分けられる。

敬語以外の規範

このほかにも、ある程度規範的なことばの使い分けがある。たとえば挨拶《あいさつ》について考えてみよう。日本語ではたとえば、「こんにちは」というのは昼間に出会ったときの挨拶、ということは誰でも思いつくだろうが、ほかにも暗黙のルールがある。まず、いつも顔を合わせるようなごく親しい身内には使わない。自分の配偶者から「こんにちは」と言われることはあるまい。また、通常「こんにちは」は同一人物に対しては一日に何回もは使わない。一〇分前に「こんにちは」と挨拶を交わした人に再度会ったら、また「こんにちは」と言われた。そんなときは、「あれ？　こっちの顔見てなかったのかなあ」とでも感じるのではないだろうか。

もう一つ規範を挙げておこう。あまり意識されないかもしれないが、本書であとで何回か取り上げることになる、**関与権限**（情報のなわ張り）に関わるものである。(7) 日本語では聞き手の履歴・予定、職業や専門、家族の事情のような、話し手よりも聞き手のほうが関与権限の大きいこと（聞き手の「情報のなわ張り」にあると考えられること）は、話し手は仮に明確に知っていることでも伝聞、推量などの助動詞によってはっきり知らないかのようにする。この場合、さらに終助詞「ね」も用いて、情報が話し手の独占物ではないようにする。それらによって話し手の関与を弱めて表現するというルールがある。たとえば次のようにである。

あなたは三時から会議があるみたいですね。

（患者が内科の医師に対して）何かで読んだんですが、ピロリ菌を駆除すると胃がんのリスクも減るそうですね。

ちょっと耳にしたんだけど、お宅のお子さんは明日から期末試験のようだね。

このような表現は文末の助動詞や「ね」に限らない。右の例にもあるように「何かで読んだんですが」「ちょっと耳にしたんだけど」のように、情報が定かでないことを示唆するような前置きの断りも、関与を弱める役割を果たしていると考えられる。

ただし、相手にとって望ましいことがらについては、権限が小さくても関与を強める、望ましくないことがらについてはいっそう関与を弱めてみせるというルールもある。

合格だ、おめでとう。

残念ながら、うまくいかなかったみたいなんだけど。

この場合、言及内容への関与を強めたり弱めたりすることで、聞き手への共感が示される。

このように、敬語以外にもことばの規範がある。これらは敬語ほどは意識されないかもしれない。もちろん学校教育で訓練されるわけではないが、多くの人がそれに従っているし、それに従わないと不自然という印象を与えてしまうこともある。

ストラテジー

だが、コミュニケーションにおける相手への配慮は、単に規範に従うことにだけあるのではない。むしろ、いろいろなことばづかいを、相手との固定的関係だけでなく相手の感情、発話する内容やその場の雰囲気などに応じてうまく使い分けていく、ストラテジー（strategy：戦略）的な側面が重要である。(8)

ただし、ストラテジーといっても常に意識的に熟慮して行っているわけではない。言明自体は意図して行われるにしても、それがどんな効果を狙《ねら》っているかということは、コミュニケーションの経験の中で直感的に身につけており、明確に意識されていない場合が多いと考えられる。もちろん、聞き手に対して期待したような効果を持つかどうかは操作できない。相手への配慮は、すべて意図して行うとか、意図通りに計画的に行えるというものではないのである。第4章ではこの点も含め、意図について考える。

ポライトネス理論

さて、このストラテジーを強調したのがブラウンとレビンソンのポライトネス理論である(9)（注1—2）。まず、「ポライトネス」（politeness）というのは「丁寧」とも訳されるが、単に相手に丁寧に接するということだけでなく、相手に親しみの感情を表す、相手を慮《おもんぱか》って口にしない、といったことも含む。

言語的コミュニケーションの中には、その内容が相手である聞き手の自尊心を傷つけたり、自由を奪ったりするものがある（相手の顔〔face〕を潰《つぶ》すことになる）。たとえば聞き手を批判することは聞き手の自尊心を傷つけるし、何かを頼むことは聞き手の行動の自由を妨げるというように、それぞれ聞き手の顔を潰す。そこで、たとえば、相手の意見に反対するさいには、心の中では全面的に反対でも、

ご指摘されていることは非常に重要だと思います。ただ、ちょっと別の見方もあるように思うんですが。

のように、賛同に見せかけて、しかも弱めた形で反対を表明する。また、友人に仕事を手伝ってもらいたいときに、

今、暇かなあ。ちょっと仕事が終わりそうにない。ちょっと助けてもらえないかな。

のように相手の事情を確認したり、状況を説明したりしたあとで本題に入るなど、さまざまな手段が用いられる。

一方、話し手は自分の顔が潰れるのも防ごうとする。たとえば、自分が大学入試に不合格だったことを友人に話すときに、

でも、あの大学はもともと行く気があまりなかったんで、出題傾向に合わせた対策も取ってなかったし、まあしょうがないよ。

と弁解を添えることで自尊心を守る。

これらの例でも分かるようにポライトネス理論が扱うのは、敬語のような型の定まった表現に限らない。さまざまな表現をストラテジー的に使い分ける中で自分の立場も保ちながら相手との関係をうまく作っていく、ということに重点を置いている。

日本語の敬語に関しても、対人関係によって使い方が完全に定まっているというものではない。(10) 状況や目的による使い分けの余地はあり、ストラテジー的に使用できる。敬語を使うことは相手を持ち上げたり、相手との距離を置くことになる。一方、敬語を用いないことは相手を見下す意味にもなるが、親しみの表現にも通じる。したがって、たとえばセールスマンがことさら丁寧な敬語を使って客を尊重するふりをして、商品を売り込もうとか、先輩に対して敬語を使わないことで親しみの気持ちを示そうとする、という場合も多くある。

しかしこうした規範やストラテジーは常にうまく使えるというものではない。第2章で述べる「うっかり発言」の一部はここに原因がある。

以上で本書に必要なコミュニケーションの基本的特徴はお話しした。これらを念頭に置いて、次章から個々の問題を考えていこう。

注1―1：これらはもともとは論理学の用語であり、そこでは「外延」と「内包」という訳語が充てられるが、ここでの区別はそれとは異なる。

注1―2：この理論では、相手に対して配慮した言語表現は世界の諸言語に普遍的に見られると考えている。

第2章　うっかり口にする――言い方の問題、中身の問題

女子に三角関数は必要ないなんて、失言でした。取り消します。
（二〇一五年八月、伊藤祐一郎《いとうゆういちろう》鹿児島県知事の発言、報道に基づいて筆者が構成(1)）

本章では「うっかり」口にした不適切な表現を取り上げる。そのようなつもりがなくても他者を不快にしたり、傷つけたりする可能性は十分にある。「うっかり」は後述するように「悪意のコミュニケーション」の入り口となりうるものである。

まず、特定の言語表現が不適切とされる場合を取り上げよう。これらは具体的な中身はともかく「言い方がよくない」という例である。本人は「失礼」とは思わなくても相手や第三者には失礼にあたり、場合によっては侮辱的とか攻撃的となりうる表現がいくつかある。ついで内容が不適切な発言へと進む。そして最後に公人の「うっかり発言」を扱う。

（1）言い方の問題

ため口

不適切な言い方としては、敬語の「誤用」の問題もあるが、これについては日本語学の専門家による解説書が多くあるし、[2]マニュアル的な本は非常に多い。本書では敬語の「誤用」については それらの本に譲り、敬語の周辺的な部分で不自然、不快とされる言い方について取り上げ、それぞれの表現を問題と感じる人がいるのはなぜかを考えてみる（注2—1）。

まず、敬語はどこでも同じように機械的に使えばいいというものではない。敬語を使用することは尊敬も表すが敬遠のニュアンスにもなる。使用しないことは親しみの表現にもなるが、軽蔑的な感じも与えかねない。こうした点を考慮して第1章で述べたようにストラテジー的に上手に使い分ける必要があるが、いつも成功するとは限らない。うまくいかないことは不快な発言に通じかねない。

ある新聞投書欄に、看護師が患者に「ため口」で話すことを戒める意見があった。[3] たとえば、患者に、「はい、お薬飲もうね」というような敬語抜きの言い方は望ましくないので、「はい、お薬ですよ」のように言うべきだというわけである。これは男性看護師からの投書であるが、ため口はとくに女性看護師に多いという。多くの患者は高齢者で年長であるのだから、敬意を持って接すべきだという意見である。

もちろんすべての患者がため口を嫌っているわけではない。患者によってはため口を親しみの表現として快く思う人もいるだろうが、そうでない患者もいる可能性がある。ただ、患者は弱い立場であり、なかなかそのことに異を唱えにくい。不愉快と感じながら我慢している場合もあるかもしれない。前述の投書でも指摘されていたが、看護師のため口によって患者のほうが弱い立場という関係が強まることもありうる。

看護師の側としては、それぞれの患者に対してため口を使っていいかどうかに関しては、十分考慮する必要があると思う。たとえば患者が看護師にはじめから敬語を使わず、気楽に話しかけてくるようなときは、看護師も敬語抜きで接するほうが望ましいだろう。しかし、そうしたこともないのに最初から一律にため口というのはどうかと思う。看護師がため口だと患者も不承不承ため口になるという可能性もある。その場合、患者は、ため口に決して好感を持っていない。

患者との関係が見極められないなら、ため口は避けるのが無難と考える。必要以上に馬鹿丁寧でよそよそしいという印象を与えない限り、敬語を交えたほうが、不快感を感じる人が生じないという意味では問題が少ないと思う。

呼び方をめぐる問題

第1章で述べたように、日本語では相手の呼び方には、話し手よりも聞き手が上位者か下位者かで使い分けがある。職場では上位者を「松本部長」のように呼ぶべきで、これに反して「松本さん」と呼ぶと、相手は不快と思うこともあるだろう。

もっともこの規範は絶対ではない。会社によっては上位者を「松本部長」ではなく「松本さん」のように呼ぶことを習慣づけているところもある。降格も含めた職階の変更にも柔軟に対処するためのほか、互いの距離を縮めるためともされる(4)。

ところで大学教員どうしで雑談していて、学生から「さん」づけで呼ばれたということが話題になったことがある。筆者もそう呼ばれたことがあり、「いくらなんでも」と思って当の学生に「そりゃないだろう、『先生』のほうがいいよ」と注意した。ただ、若い教員の中には親しみの表現として許容しているという人もいた。たしかに「さん」づけは距離を縮める効果があるし、そのほうが学生から親しみを感じてもらえるかなとは思うのだが、筆者は歳《とし》のせいか、なお抵抗感がある。もっとも、学生から「店長!」と「役職名」で呼ばれた経験もある。アルバイト先で店長に忠実に仕えている「成果」だろうか。

呼称に関しては、もう一つ問題を感じてしまうことがある、先日、父親が有名な俳優で、本人はタレントという女性がテレビで、

お父さんが、お前は自分のプライベートなことをしゃべりすぎる。もっと隠しておいたほ

うが芸能記者から注目される、って言ってるんですよ。

という発言をしていた。この父親の「アドバイス」の中身もさることながら、話し方の訓練を受けたはずの人が自分の父親を公の場で「父」ではなく「お父さん」と呼ぶとは……、と思ったのだが、「お父さん」「お母さん」という呼び方は、若いタレントやスポーツ選手などのインタビューを見ても結構広まっているようである。両親への思い入れが深いのかもしれないが、幼稚な感じがしないだろうか。

丁寧すぎることの問題

ため口は問題であった。それでは、丁寧な言い方をすれば常に安全かというとそうでもない。敬語の度合いを調節できずに過剰になって逆効果になることがある。あまりに丁寧な敬語を使うと、取り入ろうとしているのではないか、皮肉ではないかなど、逆に悪印象を与えかねない。

呼称についても同様である。筆者がコンビニで『中日新聞』を買おうとしてレジに持って行ったら、女性の店員が、「中日新聞さんですね」と確認した。筆者は『中日新聞』の関係者ではない。筆者が買う新聞だから、筆者に敬意を表して「さん」づけしてくれたのだろうか？

看護師のため口の一方で、病院ではひどく丁寧な「患者様」という言い方を耳にすることがある。もちろん患者を尊重するという配慮は分かる。ただ、ひどくよそよそしい感じもする。さんざん待たされたあとで受付で「岡本様」と「様」づけで呼ばれると、皮肉では？　などと邪推をしたくなることもある（皮肉っぽさが生じる理由は第4章で述べる）。

何か医療事故で患者に被害を与えた場合であれば「様」が妥当と思われるが、常に「患者様」「○○様」が適正かどうかは、一考の余地があろう。ただ、動物病院の診察券でも「山本ミケ様」とするところがあるようだから、人間は「〜様」が当たり前なのかもしれないが。

丁寧なつもりでも

やはり丁寧なことが問題になる場合として、丁寧なつもりや相手を立てたつもりでも、かえって失礼になる例を挙げよう。こちらのほうが言われた側は腹立たしいかもしれない。

店員が客に、製品の扱い方について、「その点は私がお教えします」「詳しいことは後ほど説明してさしあげます」などと言う。これらは、いずれも謙譲語を用いていること自体には問題はない。しかし、いわゆる「上から目線」の感じになる。「お〜する」は謙譲語で、話し手自身を低めて聞き手を高めようとする一方で、「教える」は知識、技能などを有する優位に立つ者が行う動作である。また、「さしあげる」もこれ自体が謙譲語ではあるが、「あげる」には話し手の優位性のニュアンスがある。このため両者で食い違いが生じる。このことが不自然、不快な感じの理由と思われる。

それぞれを言い換えるとすれば、たとえば「その点は私から申し上げます」「詳しいことは後ほど説明いたします」となろうか。

同様の理由で、下位者が上位者に対して言う「ご指導します」「お貸しします」なども問題を生ずる可能性がある。前者は「お手伝いいたします」、後者は「お使いいただけるでしょうか」のほうが無難と思う。

上位者を評価する

（部下が）部長は説明がとてもお上手ですね。

（学生が教授に）先生は研究者としてもすごく優秀ですね。

これらも相手を立てているようでいながら、問題があるとされる表現である。敬語も使っているし、相手のことをプラスに表現しているのだが、日本語では下位者が上位者を評価すること自体に問題があると考えられる。つまり、評価できるのは上位者から下位者に限るというわけで、このため失礼なニュアンスが生じやすい(5)。

学会で筆者がある人の発表に対して質問をしたときに、「いい質問ですね」と応答されたことがある。あまりいい気はしなかった。たぶん英語では **"It's a good question!"** で問題がなく、その直訳で褒めことばなのだろう（社交辞令に決まっているが）。しかし、日本語でこのように言われると上から目線を感じてしまう。最初の二例と同様の理由で不快感を与えると思われる。

この、相手を高めるのがよくないというのは、その人が本来評価される次元に関することに言及した場合に、とくに当てはまるようである。

部長はカラオケがとてもお上手ですね。

のように、部長の業務とは関係のないことであれば使ってもよい[6]。つまり本来の評価の次元からは外れることであれば、こうした表現は失礼さを感じさせないだろう。一方、プロの歌手に対して「カラオケが上手ですね」と言えば、非常に失礼になる。プロ歌手にとっては歌のうまさは本来評価されるべき次元だからである。

主任：購買層を増やすには、このマニュアルは役に立つんだよ。

部下：なるほど。

という場合にも、部下からこのように言われると不快と感ずる主任もいるだろう。「なるほど」からは、「相手とは同等あるいはそれ以上にちゃんとことがらを評価する能力がある」というようなニュアンスが生じるためと思われる。

関与権限に関わる表現

第1章で関与権限によることばの使い分けについて述べた。たとえば相手の日程、専門など聞き手の「なわ張り」にある内容は、話し手は文末表現や前置きで関与を弱めて、

あなたは三時から会議があるみたいですね。

（患者が内科の医師に対して）何かで読んだんですが、ピロリ菌を駆除すると胃がんのリスクも減るそうですね。

のように表現するというものであった。こうしたことを、

あなたは三時から会議がありますよ。

ピロリ菌を駆除すると胃がんのリスクも減りますよ。

のように言うと、聞き手のなわ張りに踏み込んで領域を侵害したような印象になる。これらは差し出がましい印象を与えてしまう。話し手自身がよく知っているつもりでも、これらの言い方は聞き手に不愉快な印象を与えかねない。

無責任な言い方

逆に自分の関与権限の大きいことがらは、直接形で言わないと無責任、頼りない感じになる。たとえば内科医が患者に、

何かで読んだんですが、ピロリ菌を駆除すると胃がんのリスクも減るそうですね。

のように言ったら、患者はこのお医者さんに自分の健康を任せていいかどうか悩むだろう。この例は半ば冗談だが、実際に出会うこととして次のような例がある。コンビニのアルバイト店員自身は、自分は店長に比べると権限は小さいと考えるだろう。そのためアルバイト店員はついつい自分は客に対しても権限が小さいと考えて、

その品物は入荷はまだみたいですけど。

そのジュースは一五〇円らしいですよ。

のように言ってしまう。しかし関与権限というのは相対的である。客から見ると、業務に関わることはアルバイト店員のほうが客よりも権限があるはずと見る。これでは頼りない感じになり、客は不快感を持つし、店の信用も損なわれかねない。

意図のない弱め

合格したみたいだね。まあ、よかったね。……a
せいぜいがんばったら?……b
そうかもしれないですね。……c

妻:今夜お刺身でいい?
夫:別に、それでいいけど。……d

それぞれ、相手に祝福(a)、激励(b)、相手の意見への賛成(c)、そして相手の提案への同意(d)を示すつもりで口にしたものである。

この場合の「みたいだ」「まあ」「せいぜい〜たら」「かもしれない」「別に、〜けど」は、話し手自身は口調を整える程度のつもりで、それほど深い意味があってのことではないかもしれない。しかし、本来相手に対して積極的に表現すべき激励や同意を弱めるニュアンスとなってしまう。関与権限という点でいえば、激励するさいは相手に共感する必要があるし、同意も話し手の責任で強く関与すべきものである。右のような表現では、そうした状況での関与を不用意に弱め、せっかくの祝福、激励や同意なのに、かえって気を悪くさせてしまう(7)。

不自然な関与の弱め

こちらが赤貝のマリネになります。

お会計のほう、お願いします。

これらも、本人は丁寧にしているつもりなのに、不自然だといわれることがある例である(8)。ここにはいくつかの問題があるが、丁寧そうに感じられる表現を状況を考えずに濫用する、ということが一つの原因と考えられる。

「〜になります」は「〜です」を丁寧に言ったつもりの表現であろう。「〜なります」は字義的には「将来〜ということが生ずる」というニュアンスがあるから、表現する内容を話し手から遠ざけ、関与を弱めるという効果を狙っているのかもしれない。しかし、それが必ずしも成功しているとはいえないだろう。

筆者は、レストランでウェイターが、「赤貝のマリネになります」などと言って料理を出すと、「マリネになるのは何分後ですか」と突っ込みたくなる。「赤貝のマリネでございます」と言えばいいと思うのだが、逆に仰々しく馬鹿丁寧な感じを与えるのだろうか（注２―２）。

「のほう」については どうか。対象を明示せず断定を避ける言い方である。これは前述の、話し手のなわ張りにはないことがらを関与を弱めて表現する場合のバリエーションとも捉えられる。そうすると、本来は聞き手の関与権限が大きいかどうかで使い分ける必要がある。聞き手の身体、大切な持ち物など関与権限が大きいことであれば、「のほう」を使用することでなわ張りに踏み込まない、という効果が期待できるかもしれない。

お体のほういかがでしょうか。

お荷物のほうお預かりします。

はそうした意味で許容できるであろう。しかし、

トイレのほうはこちらにございます。

山本のほうは出張で不在です。

のような表現には違和感を感じる人が多いだろう。

「なります」も「ほう」も第1章で述べたポライトネスに動機づけられているのだが、一律にそうした表現を適用するところから不自然さが生まれる。

聞き手に関与を求めすぎる

私って、恥ずかしがり屋じゃないですか。

この間、私、あのお店に行ったじゃない。

いずれも文末は下降調に表現される。このような言い方を押しつけがましいと言う人がいる。

「じゃない（ですか）」は本来確認を求める言い方である。つまり聞き手も言及内容に関して事情をよく知っているはずのときに「君は学生じゃないですか」「さっきも説明したじゃない」のように用いるのが普通の使い方である。それを話し手自身の事情に関して用いている。つまり本来、話し手の関与権限が大きいはずのことを聞き手に関与させ、「あなたも知っていて当然だ」という感じを与えるため、押しつけがましい感じとなるものと思われる。

無責任な謝罪

今回の問題については、誠に遺憾に存じます。

役所で何かの不祥事があったときなど、責任者がこうした発言をすることがある。謝っているつもりなのかもしれないし、辞書によってはこの語に謝罪の意味を認めているが（『明鏡国語辞典』）、不誠実な感じを抱く人もいる。ここにも、関与権限の問題が関連している。これは「遺憾です」が、「残念です」「お気の毒です」同様、関与権限の小さい状況で、何かよくないことが生じたときの表現というニュアンスがあるからではないか。

たとえば日本の政治家が、「最近世界でテロが絶えないのは大変遺憾です」と言う場合であれば、外国の事件は当の政治家の関与権限の外の出来事で問題はない。しかし所管する役所の不祥事の例のように、自分の関与権限の大きい事態で「遺憾」を用いると、関与を弱めて責任放棄している、少なくともその一部を逃れようとしているような感じを与えてしまう。

関与を強めた言い方は、いうまでもなく「申し訳ありません」である。

同情している場合ではない

もう一つ、「可哀想《かわいそう》だ」についても考えてみよう。本来、事故や災害に遭ったとか病気になったというように、不幸な状況に陥った人に関して用いる。同情の気持ちはあるかもしれない。しかし、被害者自身に対してこう言ったら相手は絶対に不快になる。なぜ不快になるのか。「可哀想だ」は被害者に同情しているとはいっても、心からその立場に共感している、というニュアンスを有しない。むしろ少し離れたところから見ている感じになる。関与を弱めているというニュアンスである。自分は被害者とは異なり、不幸な立場に陥っていないことを前提としている。被害者当人に言えば、そのことで話し手が優位な立場にいるというニュアンスが強くなる。このことで、被害者である聞き手は傷つけられた感じを持ってしまうのであろう。

したがって被害者とは直接関係のない第三者どうしで被害者を「可哀想だ」というのであれば、こうした不快感は生じないだろう。しかし、このような「同情」を被害者が耳にすれば、やはりいい気はしないことは必定である。

若者のことばの問題点

以上のような表現のうちのいくつか、敬語の不自然な使用、仲間内のことばや「なります」

「のほう」の濫用等に関しては、若者のことばづかいの問題として指摘されることが多い。たとえばコンビニのアルバイトでよく見られるというのである（バイト語、マニュアルことば）。その第一の理由は、若者はまだ、敬語やそのほかの規範に熟達していないということであろう。尊敬語はなんとかなるが、謙譲語はまだまだといった具合である。

そのレベルであると、敬語をその場に合わせてストラテジー的にうまく使いこなすのは困難かもしれない。ましてや「のほう」をその微妙なニュアンスを考慮してその場その場で使い分けるとなると、なおさら難しいと思われる。このため、どんなことをどんな場面で言うかを考えず、「これがお箸《はし》のほうになります」のような珍妙な言い方をしてしまう。

ただ、ここまでに指摘した例には間違いと断じられるわけではないものが多い。敬語の使い方を含め、ことばづかいの適否の社会規範は絶対的なものではない。そうはいってもあまり親しくない相手に対して接するときの話し手としての安全策は、やはり「不自然」とされるような表現にはできるだけ用心することだろう。とくにコンビニのアルバイトなど不特定多数の多様な客と接する場合、その一部に対してでも失礼と感じさせれば、その言い方をした当人だけでなく店全体の印象にも悪影響が大きい。

もちろん、若者にだけ責めを負わせていては気の毒な面もある。新しい言い方は若者から始まることが多い（第４章で述べる若者の卑罵《ひば》語もそうである）。新しい表現が出てくると、年齢の高い側はそれについて行けない。そのため新しい言い方に批判的になる。それにことばの「正しさ」「適切さ」ということになると、単純多数決ではなく権威者、年長者の意見のほうが重みづけられる。若者の側は不利になるかもしれない。一部にせよ、新しい言い方で将来定着していくものもあるのだが。

若者の側としては、できるだけことばの規範に習熟する必要がある。接客などの状況を考えればなおさらである。「正しい」言い方が絶対ではないことは承知のうえで、あくまでも他者と接する「ストラテジー」として心に留《とど》めておくべきと思う。しかし、年長者の側が、若者はことばづかいを知らないと一方的に責めるのもどうかと思う。ここで述べたような事情は了解したほうがよい。そしてある程度は寛大に接していく必要があるだろう。

さらに、規範ということを押し詰めると、過剰になってしまうことがある。アルバイトが客に、「ありがとうございました」と挨拶して、店長に「過去の関係となり、(お客様との)縁が切れてしまう」と「こっぴどく叱《しか》られた」という(9)。しかしこの例を取り上げたはんざわかんいちも指摘するように、ここでの「た」は過去形ではなく、距離を置いて柔らかい表現とするための婉曲《えんきょく》的な用法であるし、「〜のほう」に見られるような不自然さもないだろう。客も不快感を感じないであろうところまで自主規制しては、ことばづかいを窮屈にするだけのような気がする。

注2—1：以下の議論と例文の作成には、加藤（二〇〇九)、小林（二〇〇四)、野口（二〇一三)、

山田（二〇一三）も参考にした[10]。

注2―2：「になります」がそれほど不自然ではない状況もある。たとえば客に書類をいくつか示しながら、「領収書はこちらになります」と言う場合である。これは「いくつかの選択肢から選んで示す」「機能等を示すような説明的意味合いがある」というような条件があるためではないかと思われる。

（2）内容の問題

他者のよくない状況に思いが至らない

毎日家にいられていいな。

たまには、休ませてくれよ。

主婦なんて、楽でいいよね。

外食もったいなくない？

これらは、インターネットにあった「夫に言われて腹が立つ言葉七選」から抜き出したものだが[11]、いずれの例も夫は自身の状況にのみ目を向けており、妻の辛《つら》い状況が理解できていない場合である、ということがお分かりだろう。ここから夫婦げんかが始まることになる。

本章（1）の「言い方の問題」で取り上げたものは、細部の言い回しに関わるものであった。

しかし言明内容自体が相手を不快にさせるものもある。これらは改まった関係よりも、むしろ夫婦や親しい関係、知人とのくだけたやりとりの中で起こりやすいものが多い。

「腹が立つ言葉七選」は状況配慮を欠いた分かりやすい例である。しかし直接の聞き手以外への配慮となると、よけいうっかりしやすい。大野さんが島村さんに次のように言った。

山田さんをご存じでしょう、息子さん東大に受かったってねえ。うちの息子、来年受験だけど、どうなることやら。東大は絶対無理、国立のどこかに引っかかってくれれば御の字なんです。

聞き手の島村さんの息子は、高校も途中で行かなくなっている。

最近体調悪いんですよ。風邪はよくひくし、花粉症のうえにぎっくり腰までやっちゃって。

聞き手は元気そうだが、聞き手の夫はずっと重病で、手術のあと入退院を繰り返している。

これらはいずれも、聞き手の周りで不幸な事情があることに思いが至らないという例である。どちらも、話し手自身のことを自慢しているわけではない。直接の聞き手に対しては話し手も配慮しているつもりなのだろう。しかし聞き手の息子や配偶者の事情を忘れている。

また、相手が一人だけであれば気がつくことも多いのだが、たとえば数人で雑談をしていて、その中に不幸な状況の人がいる、という場合にもうっかりしたことを言いやすい。

野村君、就職決まっておめでとう。いつまでもぶらぶらとしていたら、ろくなことないからなあ。

傍らにいた佐藤君は職が見つけられず、やむを得ず家事を手伝っているのであった。

自分の関心は相手も共有すると思い込む

知ってる？　イギリスでは最近スコットランドで独立党の勢力が強くなってね。二〇一五年に分離独立の投票があっただろう。あれは成立しなかったけど、支持は広まって、そのせいで労働党が割を食ってさ……。

これも相手の状況が読めない一例である。自分は興味があっても相手には関心のない話を延々と話し続け、知識をひけらかす。相手が退屈そうな顔をしていても気づかない。おざなりにうなずいているのに、面白がっていると勘違いする。

「あとで」「いつでも」よくはない

相手に配慮しているようでもそれは見せかけで、実は自分の都合を通そうとしている。

掛川：それでは、いつご説明しましょうか。
桜沢：お忙しいでしょうから、あとで、いつでもいいですよ。

「あとでいいです」とか「いつでもいいです」というのは、いかにも忙しい相手を慮ってのことのような言い方である。「急ぎませんから」などというのも同様である。しかしどっちみち説明しなければならないのに、これではいつ説明したらいいか日程が立たない。それに、「いつでも」といっても、説明が一年後でもいい、などとは思っているはずがない。

「なんでも」よくはない

ユウキ：今日は何を食べる？
マミ：なんでもいいよ。
ユウキ：それじゃ、中華にしようか。
マミ：昨日酢豚食べたなあ。
ユウキ：ああ、そうか、そしたらイタリアンは？
マミ：この辺、感じのいいイタリアンの店、ないと思うよ。
ユウキ：それじゃ、和食にしようか。
マミ：でも、お刺身は苦手だなあ。とくに青身が。
ユウキ：結局、何が食べたいの？

恋人どうしなどで、この手の応答が見られることがある。相手に選択を委《ゆだ》ねるようでいて、結局は自分の好みでなければ受け入れない。いかにも気を遣っているようなふりをしながら、相手に自分の都合に合うように気を遣わせようとしている。

相手の思いやりに期待しすぎる

谷村：パソコンの設定、私がしましょうか？

今井：そんな！　お手間をかけたら申しわけないし、マニュアル見て、自分でやってみますから。

今井さんはパソコンの知識に乏しい。ほんとうはマニュアルを見てもできるはずがないことは、自分でも百も承知だ。谷村さんはパソコンに詳しいし、遠慮しても結局、谷村さんは業務の合間に助けてくれるはず、と今井さんは内心は思っているのである。

何かを相手に依頼する場合、それを明言しなくても、相手がこちらの状況に思いをめぐらして推測してくれるだろうと期待することがある（意図非明示的な暗示。第4章で説明する）。はじめからやってもらうのが当たり前のように頼むのは、たしかに感じが悪い。

しかし、できもしないのに極端に遠慮するのも、あまりいい感じを与えないだろう。頼んでやってもらう、という負い目を回避したいことが、相手にも見え見えになる。

内容が正当な指摘であっても

第1章で、コミュニケーションにおいては互いの「顔」を潰さないよう配慮がなされることを述べた。その一つの側面が相手の自尊心を傷つけないようにすることである。しかしうまくいかないことがある。「君、性格が暗すぎるよ」のように相手の欠点をあげつらったり、「こんな簡単な仕事もできないのか」のように相手を見下したりすれば、当然相手の自尊心は傷つく。

しかし、そのようなつもりはなくとも、うっかり相手の顔を潰す場合がある。

あなた、みなさんちゃんと並んでるんですよ。

原さんが職場の健康診断で採血の順番を待つときに、前に並んでいる人がいることに気づかず、割り込んだ形になった。年配の女性看護師が原さんにきつい調子でこう言った。

原さんはすぐに順番を代わった。割り込んでしまった相手には申しわけないと思い謝った。しかし不快感は残った。たしかに看護師さんの言うことは正しい。自分は悪かったかもしれないが、別にわざと割り込んだのではない。全く悪気はなかった。穏やかに注意してくれればいいのに。やはり原さんの顔は潰された。

こうした場合、ついつい強く一方的な言い方になる。言われた側は、自分のミスも分かっている。すでにそのことで自尊心が傷ついている。そこで、二重に自尊心が損なわれて、よけいダメージを感じる。一方話し手は、自分は正しいことをしているという気持ちを持つ。これは自分の自尊心の高揚につながるところである。そちらに気が向いてしまうと、相手の自尊心への配慮はどうしてもなおざりになる。

相手に満足に話させない

次に、会話の進め方に関する問題を取り上げる。誰しも自分の言いたいこと、伝えたいことがある。そうしたことが十分に話せなければ、後味が悪く不満が募る。いくら他愛《たわい》もない話でもそうである。苦情等ならなおさらであろう。「もの言わざるは腹ふくるるわざ」である。しかし、なかには相手が話したいという気持ちを顧みない人がいる。

まず、相手に発言権を与えない。いったん話しはじめると相手が話し出そうとしても無視して、自分ばかりが話す。また、相手が話している途中で勝手に遮って、自分の話したいことを言いはじめる、相手の話を最後まで聞かないうちに反論を始める、というようにである。これらが好ましくないことは自明だろう。しかし、もっと微妙なものもある。

自分の話題にすり替える

ケンジ：この間、東京へ出張があって、久しぶりに銀座へ行ったよ。銀座は、

ナミ：ああ、東京。私も先月遊びに行ったよ。いとこに会ったの。スカイツリーにも上ったよ。あまり時間がなかったんだけど……。

ナミさんはケンジ君の話題を勝手に自分の話題にすり替えてしまった。ケンジ君としては銀座の話をしようと思っていたのに、スカイツリーの話になった。ナミさんは頭の回転が速いのかもしれないが、そうであったらよけいに、ケンジ君に話させる点にも気を回すべきである。

相手の発言を乗っ取る

村井：安倍内閣の安保法案は強引だったね、いくらなんでも、

川上：そりゃ、いくらなんでも、憲法学者の大方が違憲と言っていて、世論でも反対が多いのに、丁寧な説明とか言いながらろくな説明もせずに……。

村井さん自身の意見はまさに川上さんと一致する。ただ、川上さんがそれを先取りしてしまい、村井さん自身のことばで語れなくなってしまった。自分が話をある程度話し終えること自体から満足感が得られる。いくら自分の話したいことを相手が話してくれても、不満が残るだろう。

ジュンコ：うちの近くに新しいスーパーができた。知ってる？

ヒロコ：そうだよ。ハイマートだよ。ハイマートは三月末にオープンしたよ。あそこは、ライフグループの傘下で、あのグループはスーパーやらコンビニやら、あちこちにどんどん進出して……。

これも同様である。相手の話を完全に乗っ取ってしまっている。それにこの場合は、相手のなわ張り（関与権限）の侵犯という点でも問題がある。ジュンコさんとしては自分の近所の話題であるからヒロコさんよりも関与権限が大きいと思っている。ところが、ヒロコさんは「そうだよ」と、あたかも自分のほうがよく知っていたことであるかのように言い、関与権限を奪ってしまった。そしてさらに、この話題に関する自分の知識をどんどん開陳している。ジュンコさんの顔は潰されてしまう。

(3) 公人の問題発言

公人の「うっかり」発言

次に公人の「うっかり発言」として問題になったものに目を向けてみよう。政治家、企業や組織の責任者などが発言したもので、会合、記者会見など多数の人の前の場合が多い。それらは会話相手が直接の被害者というわけではなく、第三者を傷つけるというケースが多い。すでに報道の中でも取り上げられ、いろいろコメントされてきたものだが、改めてどんな点が問題であるのかを見ていこう。なお、肩書きは発言当時のものである。

責任ある立場ということを忘れる

そんなこと言ったってねぇ、私は寝てないんだ（石川哲郎《いしかわてつろう》雪印乳業社長、二〇〇〇年七月四日、記者団に対して）[12]。

この年の夏に、雪印乳業が製造した低脂肪乳を飲んだ子どもたちの間に食中毒事件が発生した。そのとき、記者から責任を追及された社長の返答である。たしかに睡眠不足で疲れていたのかもしれないが、自身の事情だけにしか思いが至らず、自分が社長として責任を負わなければならない立場であることが忘れ去られている。

法相はいいですね。二つ覚えておけばいいんですから（柳田稔《やなぎだみのる》法相、二〇一〇年一一月一四日、地元での法相就任祝賀のパーティで）[13]。

柳田氏が菅内閣の法務大臣に就任したさいの発言である。覚えておくべき二つとは（個別事案については）「答弁を差し控えます」と「法と証拠に基づいて適切にやっております」だそうだ。もちろん、半ば冗談のつもりであったのだろうが、職責の重さを忘れている。

他者の不幸な立場に思いがいかない

日本人のアイデンティティは我欲。この津波をうまく利用して、我欲を一回洗い落とす必要がある。やっぱり天罰だと思う。（略）被災者の方々はかわいそうですよ（石原慎太郎《いしはらしんたろう》東京都知事、二〇一一年三月一四日）[14]。

東日本大震災の後の大津波を受けて、記者団に述べた感想である。「天罰」は被災地に対するものではなく、日本国民全体に対するものと言いたいのかもしれないが、実際に大変な津波被害を受けたのは東北の被災地の人たちで、石原氏は都知事としてはともかく個人として如何《いか》ほどの被害を受けたか疑問である。被災者への言及はあるにしても、その状況を配慮しての発言ではないことは明白である。さらに、被災地の人を「かわいそう」というのも上から目線であり、被災者に対する優位性を誇る傲慢さ、見下しが感じられる。

もう一つ同タイプのものを挙げる。

東京電力第一原子力発電所の事故を含めて死者が出ている状況ではない（高市早苗《たかいちさなえ》自民党政調会長、二〇一三年六月一七日、講演で[15]）。

被災地の人々が放射能汚染のために帰郷できない、今後の後遺症の不安が拭《ぬぐ》えない、というような状況を無視した発言であることは説明を要しないであろう。

市街地は人っ子ひとりいない、まさに死の街という形だった（鉢呂吉雄《はちろよしお》経済産業相、二〇一一年九月九日、記者会見で[16]）。

野田首相とともに福島第一原発から半径二〇キロの地域を視察した、翌日の記者会見での発言である。そのように表現することで悲惨さを伝えたい、という正直な気持ちであったのかもしれない。ただ、そちらにばかりに心が向いてしまい、被災地域に戻りたいがそれが難しくて辛い思いをしている人々の気持ちに配慮が足りない。右の二例に比べれば話し手に対しても同情の余地はあるが、やはり政治家としては残念な発言であった。

「はじめに」で示した大阪府議会議長のコメントも、他者の不幸な立場に思いが行かない例である。

関係者を侮辱する

この種の発言は非常に多い。発言内容が関係者を侮辱するものとなる。マイノリティがターゲットとなるような差別的な内容もよく見られる。

最後は金目《かねめ》でしょ（石原伸晃《いしはらのぶてる》環境相、二〇一四年六月一六日、記者団に）。[17]

福島原発事故の除染後の汚染土を保管するための中間貯蔵施設建設をめぐり、地元との交渉の進め方について記者団に対して発言したものである。交渉には金銭が絡むにせよ、金銭を呈示すれば解決するような発言は、地元の人たちを侮辱するものととられる。「金目」ということばの使い方も、配慮のなさを強く印象づけるものであった。

七万八千円と一万六千円のどっちが高いか、アルツハイマーの人でも分かる（麻生太郎《あそうたろう》外相、二〇〇七年七月一九日）。[18]

参議院選挙のさい、富山県高岡《たかおか》市で開かれた自民党候補応援のための講演会での発言である。比較している金額は日本の米価と中国の米価である。分かりやすい喩《たと》えのつもりであろうが、喩えを面白くすることだけに心が向かってしまった。アルツハイマー病の人々やその家族を傷つけるものであることはいうまでもない。

鳥取県とか島根県ちゅうたら、まあ日本のチベットみたいなもんで、人が住んどるのか牛が多いのか（民主党石井一《いしいはじめ》参議院議員、二〇一〇年二月二二日）。[19]

東京都内で行われた川上義博《かわかみよしひろ》参議院議員の支援パーティでの発言である。川上議員の選挙区である鳥取での活動を評価するためのものというが、これも話を面白くすることだけに心が向かってしまった。

共通する問題点

以上、公人の問題発言に関して共通していえるのは、次のような点である。

最も重要なこととして、発言内容自体が誰かを傷つけるということへの自覚が乏しい。そんなことを個人的に考えたとしても（偏見や差別を有していること自体はもちろん問題だが）、それを立場上表明すべきではないということが判断できなかった。これは公人としては決定的な問題であろう。

第二に、その場の一般的な聴衆だけを念頭に置いており、そうした発言を聞いて傷つくターゲットもいるということを十分に考えなかった可能性がある。しかし聴衆の中にもいろいろな人が混ざっている。それにその場にいなかった人たちにも、内容が伝えられていく可能性が大きい。ツイッター等インターネットもそれを助長する。身内の講演会などではとくにこうした間違いが生じやすいが、記者会見でもこうした問題は起きる。

第三に、とくに講演や遊説などでは、その場で受けたいというところに関心がいく。話を面白くしようというところに注意を集中し、そこにいない第三者への配慮がなおざりになってしまった、ということが考えられる。あらかじめ用意していた内容以外に「アドリブ」で示そうとしたため、なおさら細かい配慮ができなかったのかもしれない。

第四に、こうしたことが問題発言として扱われると、本人は別のことを言いたかったのだとか、全体の文脈を考えてほしいという弁解をしたくなるかもしれない。しかしターゲットにされた人は、当然、問題箇所の具体的な言い方のところに目を向けてしまう。

公人として発言するのであれば、こうした点に十分に注意を払うべきことは当然であろう。

最悪のケース――いくつかの複合例

最後に「まとめ」になるような最悪の例を紹介しよう。いくつかの問題点が複合している。

結婚していながら、別に交際していた女性を殺害したとして、大阪府警阿倍野《あべの》署の元巡査長(二七)=懲戒免職=が殺人罪で起訴された事件で、遺族に面会した署長(六〇)が、

結婚して間もなく、ことばは悪いかもしれませんが、幸せの絶頂期であるようなの(被告)がなぜこういうようなトラブルになるのか。

と言ったという(二〇一三年二月五日)。そして、「事件に関する苦情の電話が毎日一〇〇件もあり」、「署員の士気を落とさぬように苦労した」と申し立てたうえで、被害者の葬儀に参列しなかったことの弁明として、「割り切れない気持ちになり」「私も生身の人間ですから……行けそうにない」と考え、この点は「本部に相談して分かってもらった」とも言っている。

謝罪が遅れたことに関しても、「お詫《わ》びはまずA(加害者)の両親がすべき」と考えたと言い「自分も精神的に参った」と述べた(新聞やテレビ番組の報道を元に筆者が構成[20])。

葬儀に参列しなかったことや謝罪が遅れた等、ことばづかい以前の問題がある。そして、本人は正直な気持ちを口にしたのかもしれないが、以下のような難点がある。

①「トラブル」という語からは、双方の問題であって、あたかも責任が殺害された側にもあるようなニュアンスが読み取れる。「なぜこういうトラブルになるのか」という言い方も、そのようなニュアンスを強めている。
②苦情の電話が多いこと、署員の士気を落とさぬように苦労したこと、「割り切れない気持ち」になったこと、「私も生身の人間ですから」「本部に相談して分かってもらった」等はいずれも被害者側からは加害者側の事情と映る。いくら公務上の犯罪ではないといっても、被害者から見れば、警察＝加害者側という見方をする。したがって加害者側が自分のことを被害者よりも優先していると見る。しかも、こうしたコメントにより自分の苦境を訴えることで同情を買おうとしていると見られるので、より誠実さを疑わせてしまう。
③「まず加害者の両親がお詫びをすべき」というのも、加害者側の署長が被害者に対してどう対応すべきかに心を配らず、署長（や他の署員）と加害者との関係だけを念頭に置いた捉え方である。

以上、署長は「加害者」に対する「被害者」という意識があり、心情をそのまま口にした、というものだろうが、遺族の心情を顧みていないことはいうまでもない。署長は署内での「被害者」の立場を、実際の被害者と接するときまで持ち込んでしまった。しかし立場は相対的なものである。署長は被害者に対しては加害者の立場になる、という転換ができなかった。

これに加えて、警察の組織を守りたい、という事情もあったのかもしれない。しかしそうであるとすれば、被害者側を傷つけるような結果をもたらしたことになり、組織防衛としても完全に失敗であった。

(4) なぜ「うっかり」言ってしまうのか

うっかり言う理由は?

ここまで「うっかり」ということばで包括したが、そこにはいろいろな理由がありうる。(1)の「言い方の問題」で扱った個々の表現の場合は、単にその規範を知らなかった、そこで自分たちの言い方を持ち込んでしまった、ある程度知っていても習熟していなかったということもあるだろう。「丁寧に」という気遣いが裏目に出るというようなことも考えられる。

一方、(2)の「内容の問題」と(3)の「公人の問題発言」で取り上げた内容的な「うっかり発言」に関しては、相手や第三者との関係の中でコミュニケーションの状況をどう捉えるかに十分な配慮を欠いていた、ということが共通に問題になると思われる。この点をさらに考えていこう。

他者の視点の調整ができない

親しい人と雑談していて、いきなり、「昨日あの人が来たよ」と切り出されて、「あの人」が誰かさっぱり分からなかった、などという経験があるだろう。誰かに何かを伝えようとするときには、相手が何を知っているか、考えているかなど、相手の心の中を想定する必要がある。第1章で述べた共通の基盤を推測することもその一部である。このような、他者の内心を想定する能力のことを**心の理論**という。

具体的に説明しよう。子どもに次のような劇を見せる（図2―1）。

部屋の中でチョコレートを見つけた花子が、そこにあった青い空箱、赤い空箱のうち青いほうに隠しておいた。ところが花子が外へ遊びに行っているうちに、太郎がチョコレートを赤い箱のほうに移し替えてしまった。

劇の最後に、「さて、花子が戻ってきたとき、チョコレートを食べようとしてどちらの箱を開けるだろうか」と子どもに問うと、四～五歳くらいの子どもだと、「赤い箱」と答える場合が多い。花子が何を知っているかその心中を想像できず、自分の知っていることが基準になっているからである。つまりこの年齢の子どもは、心の理論が未発達である。六歳児では正しく「青い箱」と言えるようになる。[21]

ただ、心の理論は「ゼロ」からいきなり「完全」になるというようなものではなく、その中間にいくつかの段階がある。たとえば、相手の嘘を見破るためには右の課題に答えるよりは高いレベルの心の理論が必要である。さらに、絵が下手な人のことを「山本君はほんとうに絵が上手だね」というような皮肉（第4章で「逆転型皮肉」として説明）を理解するには、もっと複

1．チョコレートを見つけた花子が青い箱に隠して出かける

2．太郎が花子が見ていないところで赤い箱に移し替えてしまう

3．花子はどちらを開けるか

図2―1　心の理論（イラスト・杉山佳菜子）

雑な心の理論が必要になる。

　また、単に相手が理解できるだろうか、ということだけでなく、こういうことを言ったら相手はどう感じるだろうか、喜ぶだろうか、悲しむだろうか、あるいは怒るだろうかということも考えておく必要がある。「あの人」が誰のことか通じなかった、ということであれば、言い直すことで済むが、怒らせてしまった後で言い直しても、人間の記憶は削除できない。パソコンのメモリーとは違う。もちろんそうした場合に、伝達に先立って、「こういうことを言ったら、あなたはどう感じる？」などと聞いたら身も蓋《ふた》もない。このように相手の感情をうまく理解することも、心の理論の発達と関連している。当然この理論は成長につれて高度になっていく。

　とは言っても、大人でも完全にうまくいくものではない。相手の内心を想定するさいは、まず自分の視点を基準にして、次に相手の状況を想定して、自分の視点から相手の視点の方向へと調整していく、という手法が採られると考えられている。しかしこの調整は必ずしもうまくいかない。調整不足ということ、つまり相手の視点が実際よりも自分の視点に近いと考えてしまうことがしばしばある。それが透明性錯覚を引き起こす。[22]

透明性錯覚

透明性錯覚とは、自分の内心について他者が実際以上に気づいている、と感じる錯覚である。

ジュースをいくつか用意しておき、そのなかの一つだけにとても辛い香辛料を混ぜておく。演技者がそれぞれを飲んで見せて、観衆はどれが辛いものかを見破ろうとする、演技者は見破られないように振る舞う、というゲームがある。こうした場面では、演技者のほうは観衆に見破られてしまったと思っても、実際にそうであるのは半分くらいのケースに過ぎない、ということが実験によって示されている。演技者は透明性錯覚に陥っているのである。

また別の状況として、演技者が観衆の前で、ある歌を心に思い浮かべながらそのリズムだけをタッピングして見聞かせし、どれくらいの観衆が曲名を当てられるかを推測する、それを観衆の実際の正答率と比較する、という実験もある。実際に試してみると分かるように、タッピングだけを見ていても、演技者が思うほど観衆は曲名を当てられない、という実験結果が報告されている。これも透明性錯覚の現れである。(23)

この錯覚自体はコミュニケーション場面に限った現象ではないが、コミュニケーションの食い違いを生ずる一つの主要な原因となっていることは容易に想像できるだろう。相手に分かるようなコミュニケーションをするためには、相手がどのような状況でどのような知識や仮定を有しているかを想像できなければならないし、コミュニケーションがうまくいっているかどうかを確認するためにも、相手の状況の確認が必要だからである。

透明性の錯覚によって必要以上に相手が状況を分かっていると判断したり、これまでのコミュニケーションを理解していると判断してしまえば、誤解、感情の行き違いなどが生じる可能

表2—1　透明性錯覚とマジックミラー錯覚

	錯覚の内容				自己と他者の視点の違い
	何が	誰に	自分の予想	現実	
透明性錯覚	主に自分の考え・感情	相手に	分かるだろう	分からない	過小評価
マジックミラー錯覚	主に仲間とのやりとり	部外者に	分からないだろう	分かる	過大評価

性があるし、それが修正されないおそれも大きくなる。

マジックミラー錯覚

公人の発言など、その場の聞き手だけで第三者への影響を考えなかった、という点に関しては、筆者は（直接的な実験的研究は知らないが）**マジックミラー錯覚**とでも呼ぶべきものが関わっていると考えている。

マジックミラーを通すと、明るいほうの部屋から暗いほうの部屋は見えない。そこに誰かがいることが分からない。したがって、一緒に明るい部屋にいる人のことは心に留めるが、ミラーの向こうのことは気にかけない。ところが実際はミラーの向こうから覗《のぞ》かれている。

自分が発したコミュニケーションも、このように自分の目の前や知っている範囲にしか届かないと錯覚して、自分の知らない範囲にも伝わることへの心配りがおろそかになってしまう。麻生外相の「アルツハイマー発言」の例でいえば、講演会の会場の人、しかも身内の人だけが「マジックミラーのこちら側」であったわけである。記者会見であっても、記者と個人的やりとりをしているうちに、記者の背後にいる多数の読者、視聴者のことが念頭から離れてしまった、という可能性がある。

マジックミラー錯覚は透明性錯覚の逆である。なぜなら、透明性錯覚が「自分が見えているから他者にも見えるだろう」と感じるのに対し、マジックミラー錯覚は「自分に（他者が）見えていないのだから他者にも（自分が）見えていないだろう」と感じるのだから。しかし自分の状況から他者も同様の状況（透明性錯覚であれば見えているという状況、マジックミラー錯覚であれば見えていないという状況）だと推測するという点では、二つの錯覚は共通する。これを**知識の呪縛《じゅばく》**という。(24)自分の知っていることに囚《とら》われて判断してしまうという意味である。そしてこのことは、他者の視点に自分の視点をうまく合わせられないことに起因するものである。隠していることが露見するのではないかとか、思いが分かるのではないかというように、相手に伝わることを強く自覚すればそれが過剰になる（透明性錯覚）し、伝わることに自覚的でないときにはそれが過小になってしまう（マジックミラー錯覚）。こうしたことが逆方向の錯覚を生み出すのではないかと考える（表2―1）。

第3章　偏見を抱く――対人認知の偏り

コウジってマイペースだって思ってたら、やっぱりB型なんだ。

誰かに対して腹が立つ、不快を感ずる、さらに争いになる。そうした場合、客観的に見れば相手が間違っていることもあるが、自分のほうが相手の性格や行動に関して誤解していたり、また相手が属する集団・組織等に関して偏った見方をしていることも多い。それらが争いの原因にもなるし、問題を悪化させたり長引かせたりもする。

人は実際に目撃したり知人から聞いたり、ネットや新聞、テレビなどに接することで、さまざまな、そして膨大な情報を手にすることができる。しかし情報があることは正確な判断を必ずしも保証しない。逆にステレオタイプ、偏見や差別が生ずる大きな原因にもなる。

本章ではこの問題を社会心理学の角度から考える。

（1）ステレオタイプ、偏見、態度と社会的認知

態度

人は「阪神タイガースはいいチームだから応援したい」「アメリカ人は好きじゃないからつきあいたくない」「タバコは体に悪いから嫌いだ」というように、種々の組織・集団（阪神タイガース、アメリカ人）、社会的な事象（喫煙）といった社会的対象に対してプラスマイナスの評価・感情を有している。これを社会心理学では（**社会的**）**態度**という。日常用語では「態度」というと「お前の態度が悪い」のように、顔つき、服装のように外に現れたものを指すが、社会心理学の態度概念は心の中にあると仮定されるものである。そしてさまざまな集団に対する態度は、ステレオタイプの影響を受けることが多い。

ステレオタイプ

「アメリカ人は社交好きだ」「東北人は口数が少ない」「Q大学の学生はいい車を持っている」「血液型がA型の人はまじめだ」。我々はこのように、ある集団の人々を一括《ひとくく》りにして特徴づけることがよくある。これが**ステレオタイプ**である。

この概念はよく知られているのでご存じの方も多いだろう。ステレオタイプというのは、も

ともとは、印刷における決まった判型のことを意味していた。それによっていつも同じものが印刷される。そこから、固定観念という意味、とくに、ある集団についての固定観念という意味で使われるようになった。

この概念を最初に適用したのはアメリカのジャーナリスト、ウォルター・リップマン（一八八九～一九七四）である。その後多くの研究者によって、さまざまな議論が展開されてきた。

ステレオタイプはすべてが間違っているというわけではなく、なかには真実を反映した部分もありうる。それに、集団の個人個人をいちいち区別せず一括して判断することで、手間が省ける（「認知資源の節約」という）。しかし、伝聞、推測などが加わるなかで、真実とはかけ離れたものになる場合も多い。それに、同じ集団のメンバーであっても個人差もあるから、個々人の特徴を集団のステレオタイプによって決めつけるのは大いに問題がある。あとで解説するように、血液型ステレオタイプは事実的な根拠を欠く典型的な例である。

偏見と差別

ステレオタイプは、知識や信念、行動の予測など、認知的な先入観である。これに対して、感情的要素が加わった先入観が偏見である。(1)「女性は能力的に劣るから管理職を任せるのは不安だ」「血液型がA型の人はまじめだから好きだ」などはその例といえる。(2)

さらにそこに選択、意思決定のような行動を伴うと差別となる。女性は能力的に劣るからと管理職に登用しなかったり、A型の男性はまじめだからと結婚相手に選ぶような場合である。

これらの例でも分かるように、偏見や差別にはネガティブなものだけでなくポジティブなものも含まれる。しかし、ある集団・個人に対してポジティブな偏見や差別があればそのあおりを受けて、不利益を受ける別の集団・個人が存在することにもなる。

それでは偏見や差別はどこから生まれるのだろうか。

私たちは仮にある他者のことをよく知っているつもりでも、その人の一部分しか見ていない可能性がある。あまりよく知らない人についてはなおさらである。たとえばAさんについて何か評判を耳にしたとしても、それ自体が正しくないかもしれない。また事実の一部しか伝えていないこともある。しかし、詳しいことを知ることができる状況でも、ある箇所だけを重みづけて捉えてしまうので、全体像が把握できなくなることになる。

初頭効果

誰かにはじめて会ったとき、第一印象がよくて、いっぺんにその人を好きになったという経験や、逆に、感じが非常に悪かったので一切つきあう気がなくなったというような経験は多くの人が持っているであろう。実際、かなり古いものだがこんな実験がある。ある人物の性格を表すものとして、「知的、勤勉、衝動的、批判的、嫉妬《しっと》深い」という順に実験参加者にリストを示して全体の印象を尋ねた場合と、「嫉妬深い、批判的、衝動的、勤勉、知的」という順に示した場合を比べると、前者のほうが後者よりもよい印象を与えることが分かった。[3] 全体としては同じであっても、よい内容が先に来るのと逆の順序とでは印象が変わってしまうのである。そしてこのように、初期の情報のほうが後期の情報よりも影響力があることを**初頭効果**という。初頭効果は、例外はあるものの多くの場合に当てはまることが確認されている。第一印象の影響力はやはり大きいのである。

否定された情報でも

第一印象の影響力は次のような形でも示される。「この間の数学のテストでAさんの点数は平均よりずっと下だった」と聞いたとすれば、当然「Aさんは数学が苦手なんだな」という印象を抱く。一方同じテストで「Bさんの点数は平均よりずっと上だった」とも聞いた。「Bさんは数学が得意なんだな」という印象を抱く。これの結果も当然であろう。ところがあとになって「あの話は間違いだった。ほんとうのところはAさんとBさんの成績は分からなかったんだ」と最初の話が否定されたとする。理屈で考えれば、AさんとBさんの数学の能力に差があるとは推測できない。

ところが右のように、「成績を伝えてあとで否定する」という形で実験参加者に情報を伝える実験を行うと、参加者はAさんよりはBさんのほうが能力が上であるという印象を持つことが明らかになった。つまりある人についていったんマイナスもしくはプラスの印象が形成され

ると、その根拠が否定されても印象自体は残ってしまうのである。(4)

人はいったん印象を形成すると、それをもとにして自分でも説明の枠組みを作ってしまう。右の例でいえば、最初の「Aさんの成績が悪い」という情報を得れば、「そうか。Aさんは能力がないのだな」という印象を作り上げ、さらに次のように考える。「そういえば話し方もあまりすっきりしない、たしか彼はこの間計算間違いをしていた、やっぱり数学の能力がない」などとそれに合致した説明を思い浮かべてしまう。そうなるとあとで最初の情報が間違っていたと聞いても、自分で作り出した枠組みが独り歩きしてしまう。

このように悪い印象を誤って抱いた場合は、とくにやっかいである。というのは、実験によると悪印象はとくに残りやすいからである。これを**否定性へのバイアス**（bias：偏り）と呼ぶ。(5)新聞などである人の犯罪の嫌疑が報道された場合、それがあとで誤報であったことが分かっても、その人の名誉が完全には回復されない可能性がある。

ハロー効果

ある人が、一つ目立ったよい特徴を持っていると、それをその人全体の評価に一般化してしまうことがある。たとえば容姿が整った人だから頭もいいだろうというように。これが**ハロー効果**で、日本語では光背効果とも呼ばれる。ハロー（halo）とは聖母の後ろの光の輪、光背とは仏像の後ろの光明である。ハローを持つような神聖な存在であるから、行いすべてが素晴らしいというのがハロー効果と名付けられた所以《ゆえん》である。

ただし、ハロー効果に関しては、よい特徴の場合だけをいうのではない。目立った悪い特徴を一般化する場合もハロー効果という。だらしない服装の人は行いも怪しいと判断をするなら、これもハロー効果である。偏見に関してはとくにマイナス方向のハロー効果が問題になる。

投影

精神分析に投影という概念がある。心の中で無意識下に抑圧している欲求、感情などが、外界の事物、他人などに存在しているように感じてしまうという過程が**投影**である。インクのシミが何に見えるかに答えさせることで回答者の心の深層を知ろうとするロールシャッハテストなど、心理検査にはこの概念を適用したもの（投影法）が多い。

自分が相手を嫌っているときに逆に相手が自分を嫌っていると感ずるのも、自分の認めがたい感情を外へ投影した結果である。第2章でうまく他者の視点に立てないという観点から、透明性錯覚やマジックミラー錯覚に触れた。投影も自分の視点だけでものを見てしまうということに関連している。

根本的な帰因の過誤

人々は他者の行動、世の中の出来事などについて、その原因を推測（帰因）しようとする。

たとえば「マヤはなぜジュンイチと別れたのか。それはジュンイチが結婚を決断しなかったためだろう」とか、「国道でトラックがガードレールに衝突したのは、スピードの出し過ぎが原因なのだろう」というように、素人なりに帰因を試み、世の中を理解していこうとするわけだ。

しかしこうした帰因にも、いろいろなバイアスが介在することが知られている。その一つが、人の行動の原因はその人自身の性格等が原因であると実際以上に考えがちなこと、換言すればその人を取り巻く周りの状況の影響を軽視してしまうことである。(6) これが**根本的な帰因の過誤**である。たとえば、首相が交替してから株価が上向けば、それを首相の経済政策のよさに帰因し、真の原因である円安や外国投資家の動向にはあまり目を向けない。あるいは日本にいるX国人が貧しい生活をしている場合、本人が怠け者であることが原因であると考え、公共政策の貧しさは無視してしまう。これらは根本的な帰因の過誤の例である。

なおこのような場合、本人（X国人自身）は状況に原因があると考えがちなので、周りの者（日本人）とは見方にズレが生ずる（行為者と観察者の食い違い(7)）。

仮説検証バイアス

女性に関して「運転が下手だ」というステレオタイプを有しているとする。すると、「あそこの交差点で若い女性ドライバーが危ない急ブレーキをかけた」「駐車場で中年の女性がずいぶん手間取っていた」といった経験から、「女性は運転が下手だ」というステレオタイプ的な印象が強められる。

この場合、実際に観察した出来事を根拠にしているのだから間違いないのでは？　と考えるかもしれない。「百聞は一見にしかず」ではないだろうか。しかしそこに「検証バイアス」という陥穽《かんせい》がある。自分が持っている仮説に当てはまる事例だけに注目してしまうことである。これが**仮説検証バイアス**である。(8)

女性の運転の例であれば、ほんとうに科学的に分析するとすれば次のようにする必要がある。「A：女性ドライバーが運転下手な例」「B：女性ドライバーが（同様の状況で）運転上手な例」「C：男性が（同様の状況で）運転下手な例」「D：男性が（同様の状況で）運転上手な例」をそれぞれ数え上げ、AやDはBやCよりも多いことを統計的に確認しなければならない。

しかしA～D全部に注目する人は少ないだろう。単にAの例ばかりに注目して「女性の運転は、やっぱり下手だな」となってしまう。これが検証バイアスで、偏見の温床ともなる。いわゆる血液型ステレオタイプにもこの点が関連しているが、それは後述しよう。

このようなバイアスはステレオタイプに限らず、何らかの先入観があれば生ずる。筆者が中学生だったときの担任の先生は、あるときのK君のふざけた振る舞いがたまたま目についたのか、K君ばかりを叱るようになった。どう見てもK君以外の何人もが結構ふざけていた。筆者自身もひどいものであった。しかし叱られるとなると標的はK君ばかり、先生は「K、どうしていつもお前なんだ」の連続であった。この先生は仮説検証バイアスに陥っていたと思われる。

予見により質問する

人事の採用面接などでは、面接担当者は初対面の応募者にいろいろ質問してその人物像を知る必要がある。ただ、担当者は応募者に対するある種の期待を持っていることもある。

面接担当者は、「応募者（高村さん）が外向的だと営業向きでいいな。この点を確認してみたい」と思っていたとする。そんなときどんな質問をするだろうか。担当者は、

どんな場面だと口数が多くなりますか？

新しい人と知り合いになりたいなら、どういうところへ行きますか？

というように、外向性を確認するような質問をしがちになるだろう。そうすると高村さんはそれに合わせて、たとえば、

はい、友人と飲みに行くと口数が多くなります。

公民館主催のサークルに行ってみます。

というような答えをしがちになる。高村さんが別に外向的でなくとも（よほど内向的な人でなければ）こういう答えは可能だろう。そうすると、結局「外向的な人がいい」という担当者の期待の裏付けが得られてしまうことになる。

もし、高村さんは内向的ではないかという予想を持って質問を、

どんなときに、自分がもっと社交的だったらなあと思いますか？

騒がしい飲み会のどんなところがいやですか？

といったものに集中させたとすれば、高村さんの印象は全く別物になったであろう。

このような過程が実際に生ずることが実験で確認されている。(9) 何か偏見を持っていると、一見中立的な立場から質問をするようでいて、自分でその「証拠」を得てしまうことになる。これも先述した仮説検証バイアスの一例である。

自動的処理と制御的処理

人間は日常、視覚、聴覚を中心とした感覚器官から、世界についてのさまざまな情報を取り入れ、世界にうまく対処していかなければならない。しかし複雑な情報をすべて吟味し、丁寧に処理していくことは不可能である。そうした点に対処するために、人は二つのタイプの情報処理を使い分けていることが分かっている。一つは注意を向けずに無意識的に行われる自動的処理であり、もう一つは注意を向けて意識的に行う制御的処理である。

たとえば日本語話者が日本語の文章を読む場合を考えてみよう。文字を習ったばかりの小学校一年生であれば、一字一字ゆっくり読んで、文字↓単語↓文というふうに順に理解していこうとするだろう。これが**制御的処理**である。しかし大人が、さして難しくない文章を読むときは、単語全体、さらには句や文の流れをさっと目に入れて、どんどん読み進めていく。個々の文字は逐一注意を払わなくても、全体の意味は理解できる。これが**自動的処理**である。しかし内容が難しい部分では、単語の意味を個別に吟味していくという制御的な処理が行われる。こうした切り替えによって、限られた認知的資源（認知の能力）を節約することができる。

認知資源を節約した情報処理は常に失敗するわけではない。それはそれで便利ではある。ただし、間違えることもある。先に示した種々の対人認知の歪《ゆが》みの一因にもなるわけである。

対立状況での認知の歪み

相手と何らかの理由で敵対しているときには、さらにまずいことがある。対立状況にある場合には、ほかにも次のような認知の歪みが加わることが明らかになっている。[10]

公正バイアスは、自分のほうが相手よりも客観的に見ても公正に振る舞っていると見てしまう傾向である。仮説検証バイアスと同じく、自分に都合のよい情報に目を向けてしまいがちであることが、一つの原因とされる。

敵意バイアスは相手が敵意を持っていると実際以上に思い込んでしまう傾向で、これは攻撃的な性格の人ほど現れやすいという。[11] また、争っている相手との間では、客観的に見るよりも対立を過大視してしまいがちであることも分かっている。[12]

こうした認知の歪みが加われば、相手への敵意はさらに増していく、そしてさらに認知が歪む、という悪循環が生ずることになりかねない。

（2）偏見・差別の諸相

隠れた偏見・差別

偏見や差別について、もう少し詳しく考えてみよう。偏見や差別を測定するためには明示的な尺度も利用される。たとえば、X国人に対する態度を測るために、

あなたはX国人とつきあいたいと思いますか。

X国人は友好的だと思いますか。

のように関連するいくつかの項目を用いて、「非常にそう思う、そう思う、どちらともいえない、余りそう思わない、全くそう思わない」の五段階で答えてもらう。

ただし、こうした明示的な尺度には問題点もある。答える人のタテマエが入り込んで、ほんとうのことを答えないことがある。また、本人が気づいていなくても、心の中にX国人に対する偏見・差別が潜んでいることもありうる。

潜在連合テスト

態度に隠された側面があることは、人の情報処理の性質とも関連している。人の情報処理には、意識的な制御的処理のほかに無意識の自動的処理があることを述べたが、偏見や差別にも、

両者が関係していると考えられている。後者の、本人が制御的に処理していない部分での差別は、経験、伝聞から本人が気づかないうちに形成されるし、差別の対象となる人物のことを見聞きしたときなど、差別が生じないように意識的に抑えこむことができない[13]。

このため、明示的な尺度ではこのような態度の自動的な側面（潜在的態度）を測ることができない。そこで開発された手法の一つに、潜在連合テスト（IAT: Implicit Association Test）というものがある。これは態度対象と評価とが潜在的にどの程度結びついているかを実験的に調べる。ジェンダーに対する態度を測定するのであれば、男性名（たとえば、弘）、女性名（由美）それぞれが、望ましい評価語（親切）、望ましくない評価語（わがまま）のどちらと実験参加者の心中で潜在的に強く結びついているかを測定する。この手法で通常の質問紙で測定される顕在的態度とは必ずしも一致しない、潜在的な態度が測定できる。

古典的差別と現代的差別

ヘイト・スピーチのような露骨なものに対しては、多くの人々が眉《まゆ》を顰《ひそ》める（第7章参照）。そうした差別がよくないという考えは、多くの人に共有されるようになった。しかし偏見や差別には、微妙な側面もある。

古典的差別（レイシズム）（old fashioned racism）と**現代的差別**（modern racism）という概念がある。前者は黒人差別に関していえば「黒人は劣っている」「黒人は白人と同じバスに乗るべ

表3—1　古典的レイシズムと現代的レイシズムの尺度

古典的レイシズム 在日朝鮮人は，一般的に日本人ほど知的能力に優れていない． 在日朝鮮人は，その場に自分がふさわしいか配慮して控えめに振る舞うべきだ．
現代的レイシズム 在日朝鮮人は，教育における差別の解消を求めると称して，不当に強い要求をしてきた． 在日朝鮮人たちはすでに，不当に高い経済的地位を得ている．

（高・雨宮，2013: p.71より抜粋）

きではない」というような、古い時代から見られた偏見・差別である。

現代でもこうした古典的差別が全く消滅したわけではないが、その一方で現代的差別という問題が生じている。現代的差別の信奉者は、人種間の平等は必要だと主張する。しかし「もう偏見や差別は存在しないのに、黒人は優遇されすぎている。黒人が経済的に低い位置にあるのは、彼らが努力しないからなのだ」という見方をする。したがってレイシスト（人種差別主義者）とはいっても、本人はそのような意識がない。[14]

この問題を扱った日本の心理学的な研究を紹介しよう。それは在日コリアン（韓国・朝鮮人）に対する態度を質問紙で調査したものである。この研究では日本人に、在日コリアンに対する差別に関する質問項目のほか、在日コリアンをどのように見るかに関するいろいろな項目に答えてもらい、統計的手法（共分散構造分析）を用いて検討した。[15]

その結果、在日コリアンに対する差別も古典的差別と現代的差別に分かれることが明らかになった（関連する項目は、表3—1）。

そしてこれら二種類の差別は、在日コリアンへの見方の違いと関連していた。たとえば、古典的差別の傾向を強く有する人ほど、在日コリアンに知的労働者が少なく、「ヤクザ」が多いと見なしていた。一方、現代的差別の傾向を強く有する人ほど、在日コリアンには経済的成功者も多いが、生活保護受給者も多いと考えていた。

また、古典的差別は在日コリアンが日本人に同化することへの不満の大きさと関連していた。しかしこれは、差別の傾向が強い人ほど、彼らがあたかも日本人のように振る舞うのが問題だと感じる一方、日本社会に溶け込まないのが問題だと感じるという相矛盾するものであった。それに対して現代的差別は彼らの就労に関しての不満の大きさと関連していたが、こちらもその傾向が強い人ほど、彼らの就労によって日本人の仕事が奪われると感じる反面、彼らが就労せずに生活保護を受給しているとも感じ、矛盾する傾向を示していた。

このように、現代的差別は古典的差別にはない特徴を持っている。本人が「差別している」という意識を持ちにくいという点にもやっかいさがある。

血液型ステレオタイプ

血液型ステレオタイプは有名である。いうまでもなく、「A型はまじめである」とか「B型はマイペースだ」というような血液型と性格とのつながりについての信念である。

血液型については、昭和のはじめころ性格との関わりが検討され、一時は関連があるという主張もなされ、軍隊での人員配置への応用も可能ではなどと注目を集めたこともあった。[16] しかし、その後の研究ではこうした関連は完全に否定されている。

最近も血液型と多数の性格特徴との関連を検討した研究論文が報告された。[17] この研究は日本での二回とアメリカでの一回、計三回の全体で一万人以上の膨大なデータに基づくものだったが、論文のタイトルが「血液型と性格の無関連性」であり、結果は推して知るべし、ほとんどの項目で両者に関係のないことを改めて確認するものであった。

念のために付言しておけば、両国の調査の六七の性格に関する項目のうち、三項目だけ血液型による差が有意であるという結果が得られた。その一つは日本の一回目の調査で「子どもの将来が気にかかる」への肯定の程度がAB型の人で高い、というものであるが、これは血液型ステレオタイプとして巷間《こうかん》いわれている「AB型は二重人格だ」「AB型は変わっている」などとは異なった結果でもある。それに二回目の調査やアメリカの結果とは一貫していない。いずれにせよ、多くの項目の中のごく一部で有意差が生ずることは、偶然でも十分にありうる。

ただ、少なくとも一部の人の間には、このステレオタイプは根強く残っているようである。実際、講義などでこのステレオタイプには根拠がないと説明しても、「でも、周りに当てはまっている例がありますけど」と言う学生もいる。「ああ、そうですか」と言いながらも不審顔をしている学生もいる。心理学の教員が言うことだし、その顔を立てる意味で「そうですか」と言ってくれているだけかなと感じてしまう。

このステレオタイプの根強さには、いくつかの理由が考えられる。一つは、「まじめ」とか「マイペース」というのがどんな行動を指すのか曖昧《あいまい》なことである。ヒロコさんは休憩時間に他の人のくだらない雑談には加わらず、一人で本を読んでいる。この行動は「まじめ」とも「マイペース」とも取れる。そのときヒロコさんはA型だと知っていると、まじめな人と受け取る。しかし、ヒロコさんはB型だと勘違いしていれば、「マイペース」な人と受け取るだろう。

そしてさらに、先に述べた仮説検証バイアス（A型でまじめな例のみに注目し、A型でまじめでない例や、B型のまじめな例は無視する）が関与していると考えられる。

それでも、A型であまりにも不まじめな人をはっきり目撃する場合もあるだろう。そのときはどうするのか。そのときは、「あいつは例外だ。だってあいつは学生のころから不まじめな友達とつきあっていたから」というように、ステレオタイプに当てはまらない事例を別グループに入れてしまう（サブタイプ化）。そのことによってステレオタイプは維持されてしまう(18)。

血液型ステレオタイプは、遊びを承知で口にしている程度のことなら目くじらを立てるほどのものではないといえよう。しかしそれを本気にして人を評価し、さらには結婚相手を選ぶ、人事の配置に利用する、というようなことになると、明らかに偏見・差別につながる。

ある幼稚園では園長が血液型ステレオタイプの信奉者で、血液型ごとに異なった色の服を着せて養育しているという話をかつて聞いたことがある。血液型によって養育のしかたを変えれば、そのこと自体が異なった行動パターンを生み出してしまう可能性がある。これは当の子どもが望んだこととはとうていいえまい。

なお、ここで血液型に関して述べたステレオタイプ形成のメカニズムは、次に述べる性差別のほか、民族や人種などに対する深刻な差別にも関わっている。

ジェンダーに対する偏見

現在の日本では、就業する女性がずいぶん多くなってきた。女性の大学への進学率も高まり、短大まで含めれば性差はない。しかし社会の中で女性の能力や努力が十分に評価されているか、それらを十分に発揮できるかといった面になると、やはり男性に比べて未《いま》だ不利な状況であることは否定できない。たとえば、男女平等の達成度に関する国際比較を見よう。いくつかの中では日本の順位が比較的高いものもあるが、世界経済フォーラムによる「男女間格差指数」(GGGI: Global Gender Gap Index)では、日本は一四二カ国(地域)中第一〇四位と非常に低い(二〇一四年)[19]。この指数は経済活動や政治への参加、教育水準、出生率等から算出されるので、日本では国会議員や官僚、企業での管理職の女性の比率が低いことが指数の低さの大きな要因になっている。

それでは、ジェンダー(gender:〔社会的〕性)に対する意識、偏見はどうであろうか。露骨な差別と隠れた形での差別を区別して考える必要がある。ここでも古典的な差別と現代的な差

表3—2　平等主義的男女性役割態度スケール（短縮版）

1	女性が，社会的地位や賃金の高い職業を持つと結婚がむずかしくなるから，そういう職業を持たないほうがよい．＊
2	結婚生活の重要事項は夫が決めるべきである．＊
3	主婦が働くと夫をないがしろにしがちで，夫婦関係にひびがはいりやすい．＊
4	女性の居るべき場所は家庭であり，男性の居るべき場所は職場である．＊
5	主婦が仕事を持つと，家族の負担が重くなるのでよくない．＊
6	結婚後，妻は必ずしも夫の姓を名乗る必要はなく，旧姓で通してもよい．
7	家事は男女の共同作業となるべきである．
8	子育ては女性にとって一番重要なキャリアである．＊
9	男の子は男らしく，女の子は女らしく育てることが非常に大切である．＊
10	娘は将来主婦に，息子は職業人になることを想定して育てるべきである．＊
11	女性は，家事や育児をしなければならないから，フルタイムで働くよりパートタイムで働いたほうがよい．＊
12	女性の人生において，妻であり母であることも大事だが，仕事をすることもそれと同じくらい重要である．
13	女性はこどもが生まれても，仕事を続けたほうがよい．
14	経済的に不自由でなければ，女性は働かなくてもよい．＊
15	家事や育児をしなければならないから，女性はあまり責任の重い，競争の激しい仕事をしないほうがよい．

無印項目では「そうである」場合に性役割平等的
＊印項目では「そうでない」場合に性役割平等的
(「そうである」～「そうでない」を５段階で答える)
(鈴木，1994: p.36)

別が問題になる。古典的な性差別（**古典的セクシズム**）は、男性は外で仕事、女性は家事といった伝統的価値観を反映する。この度合い（の低さ）を測定する尺度として日本では「平等主義的男女性役割態度スケール」[20]がよく知られている。この尺度で測定した場合、男性は女性よりも点数が低く伝統志向である。ただ、最近はこの差は少なくなってきているともいわれる（表3―2）。

しかし女性の社会進出が阻まれるのは、**現代的セクシズム**（性差別）も影響しているとされる。以下、主に宇井に従って述べよう[21]。現代的セクシズムの傾向の強い人は、

①現代社会には性差別は存在しないと考えている。
②女性が社会に進出しようとしていることに対して嫌悪感をもっている。
③アファーマティブ・アクション（引用者注：積極的差別解消政策）に対して不満をもっている[22]。

といった考え方を有する。第5章で述べるセクハラの許容度にも関連するとされるものである。

これとは別に、「女性は、男性からかわいがられ、守られねばならない」「多くの女性は、ほとんどの男性がもっていないような純粋さの特性をもっている」[23]というような考え方がある。一見女性に好意的である。**好意的セクシズム**という。日本では以前は「フェミニスト」というとこのような考え方を持つ男性のことを指し、「フェミニスト男性」は肯定的な評価を受けていた。しかしこれも、女性は家庭に入るべき、夫に庇護《ひご》されるべきという考え方にもつながる。

好意的セクシズムに対して「女性は男性をコントロールすることで力を得ようとしている」

「男性が女性のためにしてやっていることを、ほとんどの女性が十分に分かっていない」のような考え方を**敵意的セクシズム**という。[24] 敵意的セクシズムと好意的セクシズムは一人の人の中で必ずしも矛盾しない。両方の傾向が強い多義的セクシストもいる。

多義的セクシストの男性は、女性について極端な見方をする。タイプ分けをして好き嫌いをはっきりさせるのである。つまり、キャリアウーマン的生き方の女性は彼らが嫌いなタイプ、専業主婦のような生き方の女性は彼らの好みのタイプということになる。[25]

ところで、ジェンダーのステレオタイプには、どちらの性に関してもプラス面とマイナス面がある。それは男性は「有能で、指導力があるが傲慢で強引」、女性は「優しく面倒見がよいが、うるさくてうわさ好き」といった形である。そこで、六八ページに述べた潜在連合テストによってさらに検討すると、人はステレオタイプに一致する面で、同性を異性よりもひいき目に見る傾向があることが分かった。つまり男性が男性を見るときは「男は有能」、女性が女性を見るときには「女は優しい」といったジェンダー・ステレオタイプに一致した面で好意的に見ているのである。[26]

以前のような「女性は感情的で劣っている」といった露骨な偏見やそれに基づく差別は少なくなってきたが、形を変えた性差別は今も根強いと考えるべきであろう。そしてセクハラ（ジェンダー・ハラスメントを含む）の温床にもなっていく。

第4章　攻撃する――悪口、皮肉、からかい

妻：今日も帰り遅くなる？
夫：いつも遅い、遅いって非難するんだから。遊んでるわけじゃないんだよ！
妻：そんなこと言っていない。ただ予定を聞いただけだよ……

本章では意図的な「悪意」の表出、すなわち批判、叱責《しっせき》、非難、攻撃等の諸表現を扱う。第2章の「うっかり発言」とは異なり、話し手としてはそれによってターゲットが不快になったり、傷ついたり、腹を立てたりすること自体がある程度織り込み済みの場合が多い。もちろん、そうした攻撃や批判の中には、話し手が正当と考えているものもある。さらには、相手のためを思って行うものも含まれる。しかし第3章で述べたような話し手の思い込みや偏見が原因になっている場合も考えられる。後述するように、話し手は悪意なしと思っていても、聞き手は悪意と解釈することがある。話し手自身の気づかない潜在的な悪意が潜んでいること

もある。誰かに対するネガティブな表現が、悪意なのかそうでないかの境界は明確ではない。そういうことも念頭に置き、本書では「悪意」を広い意味で扱う。

まず、露骨な卑罵表現を取り上げて説明する。次に、いつどんな人が攻撃的になるかも考える。また、日常のいさかいの典型として、恋人や夫婦間の対立を取り上げる。

攻撃、批判は露骨なものだけでない。それらを弱めて示すような種々の間接的な言い方がある。本章ではこれらについても、「意図」とは何かを考えながら論じる。また間接的な批判は穏やかなはずなのに、皮肉っぽくなることがある。なぜだろうか。このようなことも含め、皮肉の性質についても説明する。最後に、関連する問題としてからかいやいじめにも触れる。

(1) 卑罵表現

卑罵語

攻撃や批判の表現として、まずは**卑罵語**、すなわち露骨なののしりのことばを挙げてみる。

卑罵語は語自体に軽蔑、非難のコノテーション（副次的意味）があるが、それがデノテーション（一次的意味）から推測されるものがある。たとえば身体に関するデブ、チビ、容貌《ようぼう》に関するオカチメンコ、性が関わる職業に関するバイタ、性格に関するケチ、ノロマなど。第7章で論ずる差別語としての使用につながっていくものも多い。

しかし、もともと何の意味なのか分かりにくい卑罵語も多い。たとえば、広く流布しているバカ、アホ、タワケであるが、これらはどのような語源だろうか。最大の日本語の辞典である『日本国語大辞典』（第二版）によれば次のとおりである。

バカ：痴の意の梵語《ぼんご》のMoha（慕何）の転（中略）。また、無智の意の梵語Mahallaka（摩訶羅）の転。

アホ（アホウ）：語源については諸説あるが、江戸時代には、秦《しん》の始皇帝の造った「阿房《あぼう》宮《きゅう》」に結びつける説が一般的であった。

タワケ：動詞「たわける（戯）」の連用形の名詞化。（「戯ける」は同辞典には「①正常でない、また常識にはずれたことをする。特にみだらなことをする〔以下略〕。②たわむれる。ふざける。ばかなことをする〔以下略〕」とある）

バカやアホの語源説には異論も多いようだが、とりあえず右の説に従うとすれば、三語とも一応侮蔑と関連することがらが語源になっている。バカやタワケは侮蔑に関わる意味とつながるようだし、阿房宮では始皇帝が快楽にふけったという。しかしながら現在それらの原義を意識して使用する人はまずいないだろう。このように、卑罵語はもとの意味が意識できるかどうかとは関わりなく使用されている場合も多い。

卑罵語の地域差

卑罵語はフォーマルな状況では使われにくい。それだけに、ある地域で使われているものが他に広く普及するということがあまりなく、地域差も顕著であったと思われる。

バカ、アホをはじめとした卑罵語の地域差については、ユニークな調査研究が行われたことがある。その内容もさることながら、研究が専門家のグループではなく、テレビ番組の関係者によって行われた点にもユニークさがある。一九九〇年当時、大阪の朝日放送が制作して、多くの地域で放映されていた『探偵！　ナイトスクープ』という人気番組の中でのことである。調査は大がかりだった。全国すべての市町村の教育委員会に調査票を郵送し、当時の四〇〇〇以上の市町村のうち四二％、一七三〇余の教育委員会から返答があった。

　調査の結果は方言学の権威であった徳川宗賢《とくがわむねまさ》大阪大学教授（当時）からの助言を経たうえで、一九九一年一〇月に金沢市で開かれた日本方言研究会で報告された。その後、番組の企画者で朝日放送のプロデューサーであった松本修によって、『全国アホ・バカ分布考――はるかなることばの旅路』のタイトルで刊行された（太田出版、現在は新潮文庫所収）。そこから、結果の一部だけを引用させていただく。

　まずバカ、アホ、タワケはどう分布しているか。それぞれの分布を図4―1～図4―3に示す（このような分布図を「方言地図」という）。よくアホは関西、バカは関東などといわれることがある。たしかにアホやその類似形は関西に多い。ただしそれにもいろいろなバリエーション

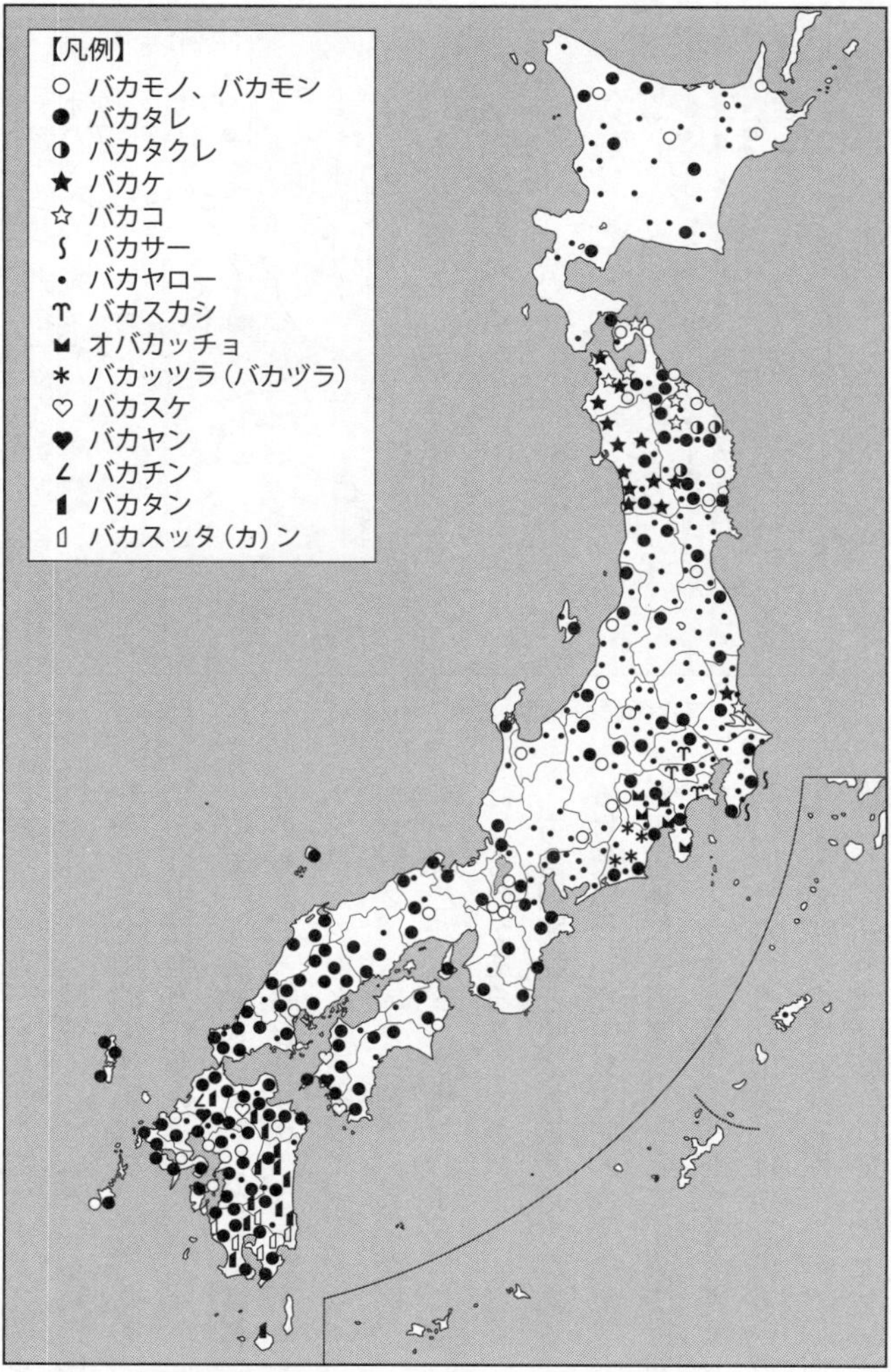

図4—1　バカの接尾語分布図（松本，1996: p.251）

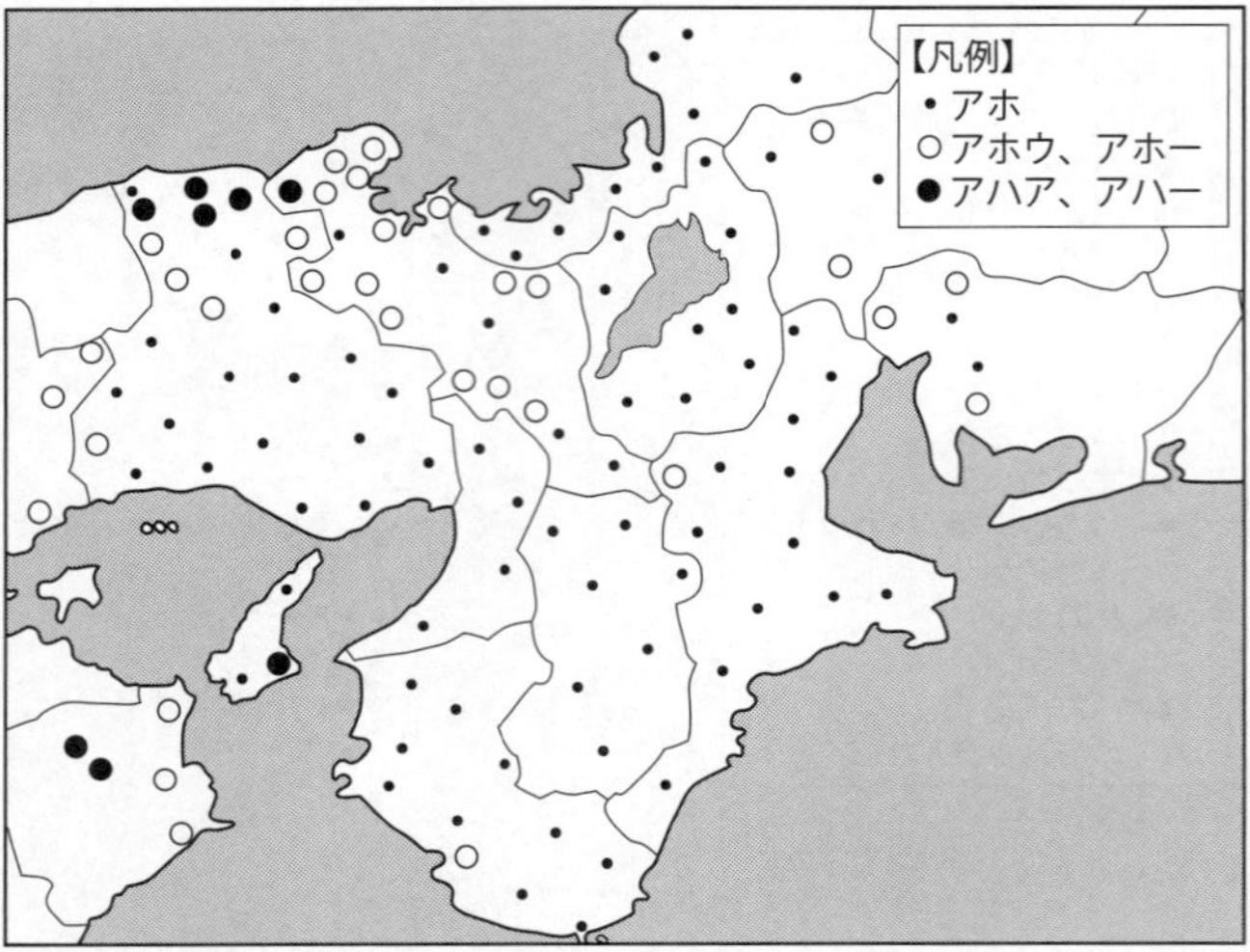

図4―2　アホ系語分布図（松本，1996: p.363）

がある。一方バカに関しては決して関東だけではない。図のようにいろいろな接尾語をつけて全国的に使われている。なお、タワケは中部地方に多い。

もちろん各地にはこれ以外にも多様な表現がある。一部を挙げればハンカクサイ、ホンジナシ、タクラダ、アヤ、トロイ、オタンチン、マヌケ、ダラ、アンゴウ、フリムンなどである。故郷ことばとして思い当たるものがあるだろうか。

方言周圏論と呼ばれる考え方がある。ある対象について中央で使われていた言い方が周辺地域に広まる。そして中央では新しい言い方が生まれる。そしてそれがまた周辺に広まる。また中央では新しい言い方が生まれる。このような過程によって、ある語の方言分布は何重かの波紋状になり、中

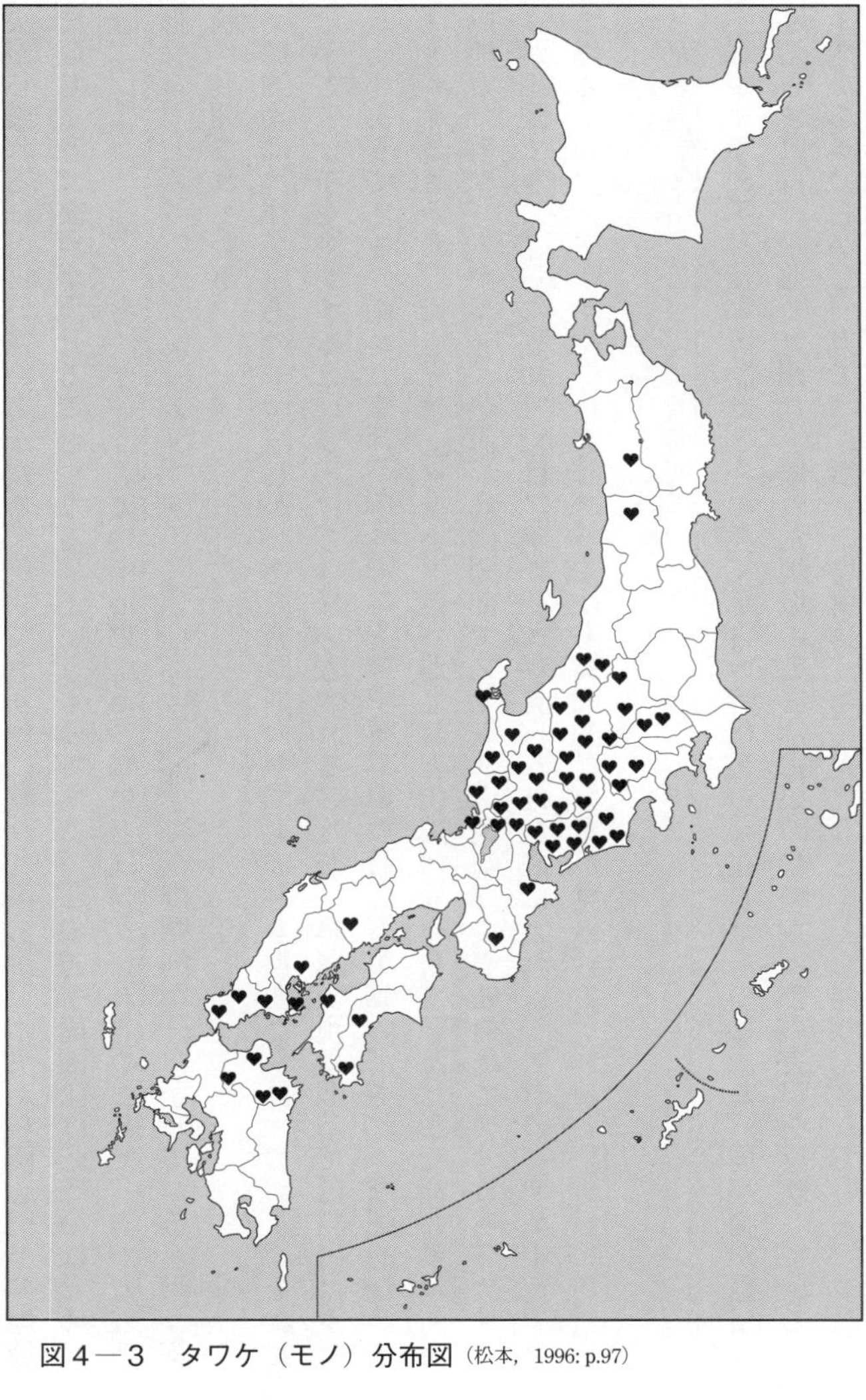

図4—3　タワケ（モノ）分布図（松本，1996: p.97）

央から離れるほど古い言い方が残る。そしてお互いは離れているが、中央から同心円上の地域で同じような表現が現れることになる、というものである。この方言周圏論は昭和のはじめに柳田国男《やなぎたくにお》が『蝸牛考《かぎゅうこう》』という著書の中で唱えた。(1) 蝸牛とはカタツムリのことで、その方言諸形式(デンデンムシ、カタツムリ、マイマイ、ナメクジなど)が周圏的な分布をしているという議論が展開されている。

周圏論は「作業原則の一つ、しかしその諸原則の中でもっとも重要なもの(2)」であり、それだけが方言分布を説明するというわけではないとされる。ただ、卑罵表現に関しては当てはまりがよいようである。中央(京都)から隔たった地域で似た言い方が見いだされ、周圏的なパターンが確認された。たとえば、ダラとダラズが北陸と山陰に分布していた。また福井県越前《えちぜん》海岸地方でアヤ、アヤカリ、紀伊《きい》半島山間部でアイカリ、長崎県の壱岐対馬《いきつしま》でアリカリ、アイカリが確認でき、さらに高知県ではアヤカシイが見られた。図によれば、アホのバリエーションであるアホウ、アホーやアハア、アハーにも周圏的な分布が見られる。

新しい卑罵語

ここまでに示した卑罵語は、その多くが古い時代から存在したものである。周圏論が当てはまるとすれば、東北や九州など離れた地域の方言は古い時代の京の都の表現を反映している可能性がある。しかし一方では、新しい卑罵語、卑罵表現もどんどん作り出されている。これらは若者のことばの中に多く見いだせる。

とくに若い女性は造語力が大きいといわれる。(3) 彼女たちの使っている、ごく最近（二〇一四年）の軽蔑的な言い回しを少し挙げてみよう。(4)

喪女（もじょ）、マダオ、干物女、地味ーズ、口だけ番長、チキる、ネチ男、ネズミーマウス。意味の見当はつくだろうか。正解は次のとおりだそうだ。

喪女：もてない女性。

マダオ：まるでダメなおっさん。

干物女：恋愛を放棄、面倒くさがったり適当に物事を済ませてしまう女性（ひうらさとるの漫画『ホタルノヒカリ』が出典）。

地味ーズ：地味な集団。

口だけ番長：発言だけは立派だが、行動に移していない人のこと。

チキる：チキン＝臆病《おくびょう》になる、という意味。

ネチ男：ネチネチうるさい男性。

ネズミーマウス：彼女からの要求に、白黒はっきりせず中間的なことしか言えない彼氏のこと（白黒の中間色「ねずみ色」＋「マウス」＝「言う」の意）。

非常に多彩ではある。しかし多くは早々と消滅する運命にあるだろう。一九七〇年代の若者ことばとされるものを見ると、「パンチカード（ウダツの上がらぬ社員）」「ゲーノージン（芸がない人)」「トマト(中身がめちゃくちゃ)」のように、現在は見かけなくなった卑罵語が多い。(5)キモイ、ダサイなど生き続けていることばもないわけではないが。

なお、差別表現も卑罵表現の一種といえるが、これらは、第7章でヘイト・スピーチの問題を扱うさいに議論したい。

非難の叙述

ここまで卑罵語について述べてきたが、攻撃や非難を成り立たせるのは、特定の語彙《ごい》だけではない。叙述される内容が侮辱的あるいは攻撃的な場合がある。典型的には、次のように相手や第三者の遂行や能力、容姿、迷惑等、マイナス面を具体的に指摘する。

字が下手ですね。

仕事が遅いよ。

山田君のやり方じゃ落第点だ。

また、言語形式的にも侮蔑的なものを伴うことがある。

(あいつなんか)消え失せろ。

近寄るな(汚らわしい)。

また無駄遣いしやがった。

あいつはどけちだ。

あのバカ、こんなことも分からんのか!?

どこをうろついてたんだ!?

最後の二例は修辞疑問である。ただしこれらとは異なり、乱暴でない修辞疑問で批判すると、皮肉っぽいニュアンスが生ずる。その理由は後述する。

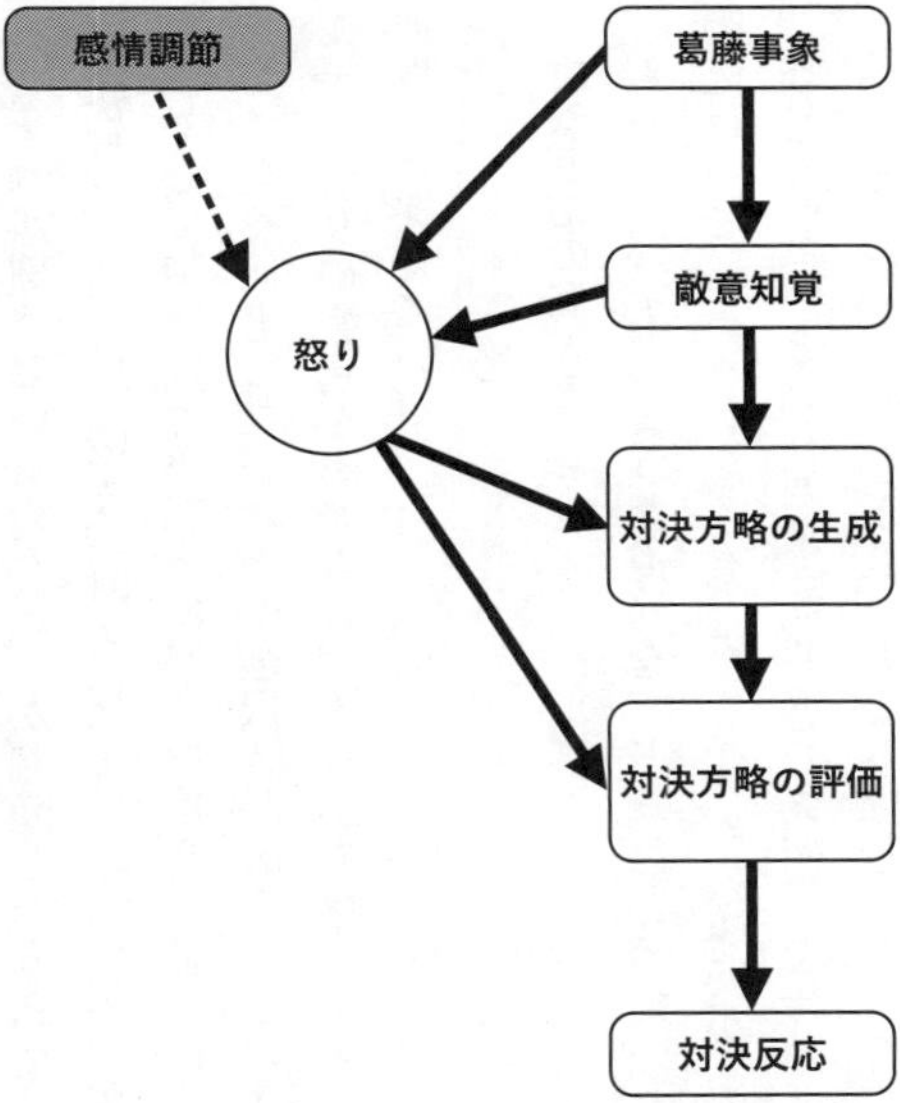

図4—4　対決反応の生起過程と感情調節
(de Castro *et al.*, 2005の図を大渕, 2015: p.175が改訂)

(2) 攻撃の現れ

攻撃発生の心理学的モデル

誰かと対立したときに、攻撃はどのように発生するか。心理学的なモデルを一つ紹介しよう。それは図4—4に示されている、認知的過程と感情的過程が影響しあうものである(6)。もめごと(葛藤《かっとう》事象)の中で、相手の敵意を知覚する、そこからどのように相手と対決するかの方略が生まれ、それが望ましいものかどうか判断したうえで（以上、認知的過程）、対決反応に及ぶ。この「対決反応」には、殴る、蹴《け》るなど身体的に相手を攻撃する、ことばで攻撃する、あるいは相手に対してではなく第三者に悪口を言う、誰かに八つ当たりする、一人で怒りを発散させる、そして全く何もしないなどの選択肢がある。そのさい、もめごとの内容や相手の敵意の様子によって怒りの生起が影響され、それが方略の生成、評価や最終的な行動にも影響する（感情的過程）と捉えている。

攻撃反応の個人差

もちろん、右のような道筋を、どうたどっていくかには個人差がある。攻撃を促進する一要因に自己愛（ナルシシズム、ナルシズム）傾向があるとされる。これは「誇大的な自己評価」「賞賛されたいという要求」「共感の欠如」を特徴とする。(7) この傾向が高い人は攻撃的になりやすい。そこで、自尊心が低い人よりはむしろ自尊心が高い人が攻撃的ということになる。(8)

一方、攻撃を抑制するものの一つは視点取得傾向である。つまり、他人の視点を取り、それによって事態を把握できる人は攻撃を抑制できやすい。(9)

なお、性差に関しては、男性のほうが女性よりも暴力に出やすいことは常識的にも分かるが、怒りを感じるかどうかには男女差はないとされる。それをどのような形で外へ向けるかが異なるのである。(10)

ところで、身体的な攻撃性とことばによる攻撃性とは必ずしも同じ傾向を持たない。ある研究では、言語的に攻撃的な人は身体的攻撃もしやすい傾向はあるが、その相関は高くない（r＝.237）。また、怒りっぽい・短気とか敵意（他人の不幸を喜ぶ、幸せをねたむ）という性格特徴は、身体的な攻撃性とは関連しているが、言語的な攻撃性とは相関が認められていない[11]。

状況の影響

同じ人であっても、状況次第で攻撃性を募らせることがある。単純なところでは、暑い、うるさい、混み合っているというように不快な環境であれば、人は攻撃的になりやすい。夏の夜に都会で暴動が起きる原因にもなるわけである[12]。

先に述べた視点取得傾向というのは性格の差でもあるが、ある程度自分でもコントロールできる。攻撃的反応を募らせないためには、積極的に他者の視点を取ることが有効かもしれない。

こんな実験がある。実験参加者は相手とゲームしていると思っている。ただし、実際は「相手」というのは実験者が操作している架空のものである。ゲームに負けると相手からコンピュータ画面にメッセージが来るのだが、その内容が試行を重ねるごとにだんだん攻撃的になり、最後には「ろくでなし」「負け犬」のような侮辱的なものになっていく。実験参加者も相手に勝った場合にメッセージを送るのだが、その内容がどの程度攻撃的になるかを検討した。この実験ではゲームに先立って、参加者には他者の視点か自分の視点で考える機会が与えられていた。自己視点で考えた参加者は相手に対する攻撃的言動が次第にエスカレートしていく傾向があったが、他者視点の参加者にはその傾向が見られなかった。[13]

しかしながら、相手の視点を取ることがいつでも有効というわけではない。相手が協力的でないときには、そうした視点に敏感になることで自分もかえって対立的になるとされる。[14] しかし、少なくとも相手にそれほどの悪意がないときには、相手の視点を取ることで立場を理解して、不必要に攻撃的になることを抑制できると期待される。

ことばでの攻撃

さて、攻撃や非難を表明するといっても、直接的な言い方をする以外にもいろいろな手段がある。日本人大学生を対象とした研究では、怒りの表出方法としては、遠回しの表現や表情・口調という度合いが高い。怒りを感じても「いつも通り」、つまり怒りを抑えこんでしまうという反応も多い。感情的攻撃、つまり攻撃性を直接的表現で意図明示する（後述）ような場合は少ないのである。[15]

西尾は、道を尋ねてきた相手がまともに聞こうとせず非礼であるという場面を設定して、相手にどんなことを言うかを答えてもらい、その中に現れる非難の表現を分析した。[16] 表現の中には、内容による批判（ナニ　ヤッテンノヨ　コッチ　ミーヨ）、内容のほか発話量を増やす（チョット　マチ　ジブンノ　コトヤロ　ヒトニ　ヤラシトイテ　ナニ　シテンノ　ヨーカンガエ）、そして乱暴な表現（命令形、卑罵表現）があった。

乱暴な表現の使用には世代差や性差があった。たとえば命令形は、若い層（中高校生）のほうが三〇代～五〇代よりも多かった。女性では使用が少なく、とくに三〇代～五〇代でこれを使った人はいなかった。卑罵表現（ボケ、アホンダラ等）はもともと頻度が低かったが（全体で二・四％）、これも三〇代～五〇代女性では皆無だった。なお近年ことばの丁寧さが少なくなってきている若い層だが、この層でも乱暴な表現には男女差が見られた。

また、この研究では、若い層ではぞんざいなことばを用いる例があったわけだが、これには時代変化がありうる。国立国語研究所が継続的に愛知県岡崎市で行ってきたことばづかいの調査がある。調査は一九五三年、一九七二年、二〇〇八年の三回行われた。いろいろな場面を示してどのように話すかを答えてもらう形式だが、ほぼ同じ場面が共通して使われているので、敬語や関連する表現に対する意識変化を窺《うかが》うことができる。この中に、「相手が渡したおつりが間違っていた」等、相手に対して批判的になりうる場面が含まれており、西尾はこの点を分析した。

その結果判明したこととして、「非難の四手法や強調表現群などの顕著なマイナス待遇表現行動が、二〇〇八年の若い世代では完全に行われなくなった」(17)というような変化が見られるという。非難の四手法とは、「ボヤボヤ　スンナ」のような「行為要求」、「ハラッテアルデ　ハラウ　ワケニ　ハイカナイ」のような「拒絶」、「ソンナ　ナマケタ　シゴトシテ……」のような

「評価」、「ナニ　ヤットルダ」のような「問いつめ」である。[18] また「強調表現群」は、批判・非難を強調することを指す。この結果から見ると、日本人は次第に対立を回避するように変わってきたのであろうか。

恋人、夫婦間の葛藤

ところで、対立は日常いろいろなところで生ずるが、ことばによる争いとしてありがちなものが恋人や夫婦間の対立であろう。これにも「犬も食わない」ような些細《ささい》な争いから、破局につながるような重大なものまでいろいろあるが、コミュニケーションの心理学の面から見ればどんな問題があるのだろうか（注4―1）。

まず恋愛関係の問題から。松井は恋愛関係について、出会いから結婚までの関係の進展を五段階に分けて分析しているが、口げんかはその第二段階のデートをするような時点で生じる。関係が深まっていくとそれだけ対立も深刻になりうる。求婚、婚約をするような段階になると、暴力も見られることがある。[19] 重要な関係であるほど怒りを抱くことも多くなる。恋人、さらに夫婦となればますますその可能性は高まる。[20]「親密になるということは、より強い感情的な絆《きずな》が形成されるだけでなく、関係の相互依存性が高まることを意味[21]」するからである。

さて、夫婦の間ではちょっとしたことばの行き違いもけんかの種になる。第2章で示した夫から妻への「うっかり発言」の「毎日家にいられていいな」といったものも引き金とはなるだろう。ただし、もともと何らかのことで妻が夫に不満を募らせていたという背景があることは間違いない。

夫婦関係の善《よ》し悪《あ》しは、コミュニケーションのパターンにも反映している。海外の諸研究によれば、うまくいっている夫婦では「質の高い」「感情表出が豊か」なコミュニケーションがみられるが、「不和に悩む夫婦には否定的コミュニケーション行動（批判／不満／皮肉）が典型的にみられ」、「葛藤レベルの高い夫婦のコミュニケーションには、非難―非難、敵意―敵意、攻撃―攻撃、攻撃―防衛などの否定的な感情交流のエスカレーション・サイクルがある」という。パターンに相違があるわけである。(22)

関係が悪くなる前兆として、相手の呼び方が変わる可能性もある。ある調査によれば、相手との感情状態が悪くなると、夫は妻を名前で呼ばなくなり、「お母さん」のような親族語や、「お前」「おい」等を用いるようになる。一方、妻のほうは「お父さん」が減り「あんた」等が増える。また、夫も妻も「呼ばない」という回答も増えた。夫と妻でことばの選び方は異なるが、どちらも親愛感を減らして距離を置く手段だと思われる。(23)

このようななかで、対立が深まっていく過程ではいろいろな行き違いがある。もともと夫と妻とでは、相手に対する働きかけ方に差がある。「威圧」「無視・回避」の程度は夫→妻へのほうがその逆よりも高く、「依存・接近」や「共感」の程度は妻→夫のほうが高い。(24)それぞれのコミュニケーションの有様をどう見るかにも夫と妻には差がある。飛田らの調査では、四一・

五％の妻は夫が「言い張ったり、命令したりする」と感じているが、夫自身でそう感じているのは二六・九％である。三八・六％の夫は妻が「泣いたり、怒ったり、感情的になる」と感じているのに、妻自身は二一・六％しかそう感じていない。一方「穏やかに説得する」については、夫、妻とも自分自身のほうがパートナーよりも、そうする比率が高いと感じている。[25]

ここにはａ：自分に都合のよい言語行動を想起しやすいという記憶の歪み、また、ｂ：「穏やかな説得」を意図した言動が「言い張っている」とか「感情的になっている」と解釈されるという話し手と聞き手とのズレ、という二つの心理過程が関わっていると思われる。いずれにしても、相手のほうがコミュニケーションのしかたが悪いという見方を強めてしまう。対立をより深める原因になりかねないわけである。

対立を深刻にするものとして、さまざまな問題の原因をどこに持っていくか（帰因）に関しての食い違いもある。たとえば夫が食事を残した。これを、妻は、せっかく自分が作ったのに思いやりがない、身勝手な性格だなどと考える。一方夫本人は、日頃の会社でのストレスから疲れが溜《た》まっていてあまり食べる気がしないと考えている。このように夫の行動について夫自身と妻との帰因が食い違う場合、夫はそれを正当化する、妻は夫を責めるという形をとりがちになる。もちろんこうしたことは夫ばかりに当てはまるのではない。妻の行動に関しても、夫と妻自身とでは帰因の食い違いがある。[26]

最も深刻な夫婦間の対立がいわゆるＤＶ（domestic violence：家庭内暴力）であろう。ＤＶというと、叩《たた》く、殴るというような身体的攻撃を思い浮かべるかもしれないが、ことばによる暴力ももちろん含まれる。

一方では、夫が連日帰りが遅い。妻がそれこそ軽い気持ちで、「子どもが寂しいって言っているよ」と言った一言が、仕事のトラブルで疲れていた、イライラしていた相手の気持ちを逆なでして身体的攻撃を誘発した、というようなこともある。[27] 夫が妻にDVを振るう場合、家庭内の決定権等に関して夫のほうが力が弱い場合が多い。「関係への不安や離別への恐れが暴力行使と関係」しているという可能性がある。[28] 後述する、からかいがいじめに発展していくこと、そのさい加害者と被害者では事態の見方にズレが生ずることなどは、夫婦間でも当てはまる。

なお、ここまで夫→妻の暴力を取り上げたが、ことばの暴力なども含め、妻から夫への暴力の事例も少なからず見られることは注意すべきである。[29]

DVが続くような場合には、被害者は離婚するなどして関係を断ち切ればよさそうだが、実際にはそうならないことも多い。被害者が夫婦関係を重視していると、相手からの暴言なども ことさら軽く見てしまう。[30] それがかえって事態を深刻化させるということもある。また、経済的理由などにより夫婦であることから逃れられないとなると、そうした状況に対して無抵抗であることを学習して身につけてしまう（「学習性無力感」という）ことにもなりかねない。ますます関係から逃れられなくなる。

深刻な対立を招かないために

いずれにせよ事態を悪化させないためには、不信が互いに募っていくのを防ぐ必要がある。まず、パートナーの何かについて腹が立ったときどうすべきか。園田がアドバイスしていることからいくつかを紹介しよう(31)。

- 怒りの気持ちをいだいてもいいと認める。
- 怒りの気持ちを(Youメッセージではなく)、Iメッセージで伝える。
- 怒りは溜めすぎず小出しにする。
- 相手にしてほしいこと、変えてほしいことをわかりやすく頼む。
- 他の事柄や以前のことを持ち出さない。
- 第三者をだしに使わない。
- 自分の表情やジェスチャーなどに気をつける。

要は「怒りの気持ち」を抱くのは当然で、それをうまく表現していくように、ということである。このうち、「Youメッセージ」とは、

あなたは、どうして家庭のことを考えてくれないの。ちょっとは子どもの将来も心配してってよ。

というような二人称の非難である。相手もそれに応酬して事態がどんどん悪化するおそれがある。これに対して、次のようなIメッセージであれば、相手が聞く気になるという。

家庭のこともいろいろあるのよ。子どもの将来のこともあるし、私一人きりでは背負いきれないよ。

もう一つ、右で述べたように自分と相手とでは見方が異なる。しかし、それをきちんと認識しているかどうかによって、相手にどう対処するかも変わってくる。自分の「穏やかな説得」を相手が「言い張っている」「感情的になっている」と解釈している可能性があると考えれば、仮にその解釈は間違っていると思っても、対処のしかたは変わってくるだろう。相手の視点への調整というのはここでも重要な問題なのである。

(3) 推意と攻撃

注4―1：以下、クラーエ（二〇〇一）や飛田（二〇一一）の議論も参考にして述べる。[32]

レビンソンの推意

誰かを攻撃、非難することは露骨な表現を用いなくとも可能である。微妙な言い回しで相手の推測に頼る形で攻撃や批判を伝えようとすることもある（注4―2）。

字義的に表現されることからそのまま伝わる内容を**表意**という。これに対して推測によって伝わる内容で、しかも論理や語の意味からは必然的には導かれないものを**推意**という。推意が生じる過程に関して、何人かの研究者が体系化を試みている。ここでは推意が他者を攻撃、非難する表現として、どのように現れるかに関連づけて示そう。

レビンソンはQ、I、Mの三種類の推意を論じている。[33] **Q推意**は「限定推意」とでも呼ぶべきものである。一例は第1章で示した、

私は今、五万円を持っています。⇓ 五万円を超える金額は持っていない。

である（本書では⇓は必然的でない推測の導出を表す）。つまり、ある数量、程度を表現することによって、それを超えるものはないと聞き手に推測させようとするものである。そこで、

菅井：松田さんの仕事ぶりはどうですか？

中畑：毎日ちゃんとコンピュータを立ち上げています。⇓ 重要な仕事はしていない。

これは松田さんを批判するコメントになりうる。

ただしこれらの推測はいずれも必ず成り立つというものではなく、会話の文脈によっては当てはまらなくなる。このためそれを逆手にとって、松田さんがきちんと仕事をこなしている場合に右のように言っても、嘘を言ったことにはならない。松田さんをあらぬことで貶《おとし》める表現にもなりうるわけである。

I推意はある発話に明示された内容を、聞き手に常識的な方向に膨らませて推測させようとする、「膨らませ推意」というべきだろう。これにはいろいろな場合がある。

佐和君は指示をすれば普通に仕事をする。⇓ 指示をしなければ普通に仕事をしない。

論理的には「aならばb」から「aでないならばbではない」は帰結しない。仮に佐和君が指示などされずに普通に仕事をするという場合でも、右のように言ったからといって嘘ではない。

そのころ黒人人口が増加した。治安が悪化した。⇓　黒人人口が増加したことが原因で治安が悪化した。

これも、実際は別に原因があって治安が悪化したとしても、嘘を言っていることにはならない。黒人への中傷にも使いうるわけである。

M推意は、通常とは異なる様式の言い回しを用いることで、普通ではない事態が生じているという推測を導出させるというものである。「様式推意」とでもいうべきか。

下田氏は至極円満に会社を退職した。⇓　退職前に一悶着《ひともんちゃく》あった。

ミヨコさんは「はなみずき」の音符の高低に合わせて声を上下した。⇓　下手な歌い方をした。

通常は言う必要のない当たり前の事実を次の例のように付け加えることで、背後の事態に関して推測を生じさせるものも、様式推意のバリエーションと考えてよいであろう。

西尾君は通常通り会社にいますよ。朝は勤務時間までに出勤して来るし、昼休みは休憩するし、夕方は、勤務が済んだら帰りますし。⇓　西尾君は会社に来るものの、仕事の中身には問題がある。

スペルベルとウィルソンの推意

もう一つ異なったタイプの推意として、スペルベルとウィルソンの議論を見よう。(34)

カズト君がマリさんに、

明日は土曜日だね。……a

とメールした。この発話だけからでは、特別の推測は思い浮かべにくい。しかしもし、

毎週土曜日の晩は七時に駅で待ち合わせてデートする。

という合意が両者の間にあった、それなのに先々週はマリさんはかなり遅れてきた、そして先週はドタキャンだったということであれば、右の発話からは、カズト君が、

明日はデートだね。……b

今週はちゃんと来てよ。……c

という確認や要請を伝えようとしているという推測が生じうる。このように、ある前提（推意前提という）のもとで、ある結論（推意結論）が生ずる。

この後日談として、土曜日の夕方、七時を過ぎてもマリさんは駅に現れない。メールの返事もなくカズト君がやきもきしていると、マリさんは一五分以上遅れて悠々と現れた。このときマリさんに対して、

遅いよ。……d

とはっきり非難することもできるが、同じ趣旨は、

　もう七時二〇分だよ。……e

と言っても伝わるだろう。これも推意である。以前はそういうことはなかったが、最近遅れるとかドタキャンもあるような場合だと、右の発話ｅから、

　最近毎週遅れてくるんだね。……f

　だんだんいい加減になってきたね。……g

といったカズト君の気持ちをマリさんが推測することも期待している可能性がある。しかしこれらはａ⇓ｂ、ｃや、ｅ⇓ｄに比べれば弱い推測である。話し手はａによってｂとｃを、そしてｅによってｄを意図的に伝えようとしていることは間違いない。しかしｅからｆやｇは意図的に伝えようとしているといえるのだろうか。はっきり意図的に、というより「それとなく」「さりげなく」伝えようとしているという感じがするのではないか。この点について明確にするためには、「意図」についてもう少し考える必要がある。次の節で述べることにする。

　ところで日常での推意一般についていえば、

　私は今、五万円を持っています。　⇓　五万円を超える金額は持っていない。

の例のように、日常の普通のコミュニケーションでは推意が生じることに何の問題もない。わざわざ口にしなくともいろいろなことが効率的に伝わる便利な手段である。

　しかし「悪意のコミュニケーション」が絡むとそうともいえない。話し手はターゲットを露

骨な形でなく非難、批判しやすい。それにこれらは必然的な推測ではないから、話し手がわざと事実ではない推測が生じるように用いて、「そんなことは言おうとしなかった」と言い逃れを図ることも不可能ではない。この点も意図の問題と関わってくる。

(4) 意図の問題——隠意による攻撃

意図の示し方——さまざまな度合い

ここでは、意図的に攻撃したり、非難、批判するとはどういうことかを考えたいと思う。以下やや込み入った議論もするので、先に大枠を述べたうえで、詳細に説明することにする。ことばによる発話によって話し手から聞き手に何かが伝わったときに、話し手の意図をどの程度示すかに関して、意図が明確な場合から、全く意図がない場合までいろいろなケースがあるだろう。それを次のように分けてみる。

話し手が心に抱いたことが聞き手に理解される場合に関しては、次の四パターンがある。

①表現通りにはっきり分からせる（表意を意図明示：伝達意図、情報意図あり）
②推測を通じてはっきり分からせる（推意を意図明示：伝達意図、情報意図あり）
③それとなく示して推測させる（隠意を暗示：伝達意図なし。情報意図あり）
④伝えるつもりがなかったのに、伝わってしまう（見破られ：伝達意図、情報意図なし）

話し手は自分の意図をこのようにいろいろに捉えているし、聞き手も話し手の意図をいろいろに解釈するだろうというわけである。（ ）内の用語の意味は次項ですぐに説明するが、もちろん話し手・聞き手はコミュニケーションの中で、このような分析的な用語を思い浮かべるわけではない。

非言語による意図の伝達

コミュニケーションに直接結びつく意図として、二種類を考える。情報意図と伝達意図である[35]。ただし、話し手がコミュニケーションにおいて自覚する意図と、聞き手の側が話し手の意図と解釈するものは一致するとは限らない。まず話し手の立場から考えてみる。

言語に先立って、非言語的コミュニケーションによって何かを伝える場合を取り上げることにしよう。そのほうが分かりやすいと思われるからである。先のカズト君とマリさんの待ち合わせのシーンに戻ろう。マリさんが遅れて悠々と現れたとき、

ケース1―1：カズト君は「遅いなあ」と思ったが、口にするのではなく腕の時計を振りかざしてマリさんのほうを睨《にら》んだ。

この場合、時計を振りかざすというカズト君の非言語行動は、明らかに意図的という感じがするだろう。このとき、カズト君は「マリさんは遅い」（X）という気持ちをマリさんに分からせたかった。このように、「ある内容Xを相手に分からせたい」という意図（Y）のことを

情報意図と呼ぶ（注4―3）。さらに、カズト君は「Yをこの非言語行動によって分からせたい」ということ、すなわち「マリさんは遅いという気持ちをこのコミュニケーションによって分からせたい」、ということ自体もマリさんに分からせたかったことになる。こちらの意図、すなわち当のコミュニケーションに情報意図があること自体を分からせたい、という意図を**伝達意図**と呼ぶ。したがってカズト君のこの非言語行動は情報意図も伝達意図も備えている。こうしたコミュニケーションのことを**意図明示的伝達**という（以下、「意図明示」と略述）。この場合、伝え手の立場としては、相手に腕時計を振りかざすという行動を示すことによって、「推測で分からせる」という気持ちを持っていたわけである。

ケース1―2：マリさんが遅れて現れたとき、カズト君はついついちらっと腕時計を見てしまった。このため、カズト君の「遅いなあ」という気持ちが心ならずも伝わってしまった。これが意図していない行動であることは明らかであろう。つまり情報意図も伝達意図もない。意図明示的ではない。この場合は、相手に「うっかり伝わってしまった」ということになる。

ケース1―3：しかし、もっと微妙な場合もある。カズト君がマリさんに視線を送ってから、さりげなく腕時計を見た。この場合は、「遅いなあ」と思っていることをマリさんに分からせたいという情報意図はあるが、その情報意図があること自体を分からせたいという伝達意図があるとまではいえないだろう。つまり意図明示ではない。しかし全く意図的でないとはいえない。これが「それとなく示す」場合である（注4―4）。

表4—1　さまざまな言語伝達のかたち

	伝わり方	伝わるもの	字義的vs.推測的	話し手の認知				聞き手の理解過程	ケース
				呈示の際の意図	情報の自覚	伝達意図	情報意図		
Ⅰ	意図明示	表意	字義的	はっきり伝えたい	あり	あり	あり	字義解釈	2-1
Ⅱ	意図明示	推意	推測的	はっきり伝えたい	あり	あり	あり	推測	2-2
Ⅲ	暗示	隠意	推測的	それとなく示したい	あり	なし	あり	推測	2-3
Ⅳ	見破られ	内心	推測的	伝えたくない	あり	なし	なし	推測	2-4
Ⅴ	見抜かれ	意識されない内心	推測的		なし	なし	なし	推測	2-8
Ⅵ	深読まれ		(推測的)		なし	なし	なし	誤った推測	2-7
Ⅶ	隠蔽			隠したい	あり	なし	なし	推測できず	2-5
Ⅷ	口の滑り	内心	字義的	伝えたくない	あり	なし	なし	字義解釈	2-6

言語による意図の伝達

それでは言語の場合に移る。カズト君がマリさんの遅刻をなじった例を続けよう。ここからは表4—1にも整理しているので、そちらも参照されたい。

ケース2—1：カズト君が、

　遅いよ。……d

と言い、表意がそのまま批判となる場合は、もちろん「遅い」という内容を伝えようとした情報意図も、「遅い」ということをdという発話で伝えようとしている伝達意図もある。これは明らかに意図明示といえるだろう。

ケース2—2：カズト君がdの

代わりに、

もう七時二〇分だよ。………e

と言って、

遅いよ。………d

という推意、つまりdと同じことを意図的に伝えることができる。この場合も、「遅いよ」という情報意図も、それを発話eで伝えようとしているという伝達意図もある。

ケース2—1とケース2—2の違いは、前者では表意をそのまま伝えようというのに対して、後者では推測された内容（推意）を伝えようとしている点である。それぞれ、表4—1のⅠ（字義的にはっきり伝えたい）とⅡ（推測的にはっきり伝えたい）に相当する。いずれにせよここまでは意図明示的であった。しかし、

ケース2—3：カズト君が、

もう七時二〇分だよ。………e

と言ったことから、

最近毎週遅れてくるんだね。………f

だんだんいい加減になってきたね。………g

といったことがマリさんに伝わればと思っているとする。これらは意図明示的といえるだろうか。

カズト君がそのような推測をマリさんに生じさせたいという情報意図はあるかもしれない。だが、推測を生じさせたいという気持ち自体を分からせたい伝達意図はないだろう。つまり意図明示的ではない、「それとなく示す」場合である。

実はスペルベルとウィルソンが推意として扱うのは、意図明示の場合のみである。彼らの語用論の枠組みでは、それで十分だからである。しかし本章のような攻撃や批判のコミュニケーションではf、gのような推測が伝わるケースも無視できない。というより、むしろこちらのほうがより重要である。これらは「推意」の「意図明示」とはいえないので、**隠意の暗示**と呼んでおこう（ただし、隠意と推意は字義的表現から推測されるという過程自体は同じである）。これらの隠意f、gについては、カズト君はマリさんから聞かれても「そんなことは言うつもりがない」と答えるのが普通と思われる。つまり情報意図を否定するわけである。そうでないと、「それとなく」とはなりにくい（表4―1のⅢ）。

最後に、情報意図も伝達意図もないのに相手に伝わる場合を考えよう。

ケース2―4：カズト君がマリさんに、

もう七時二〇分だよ。……………e

と言ったら、マリさんが「『自分はカズトとのつきあいが面倒になった』とカズトは感づいたかな」と思った。実際カズト君の内心には、

マリはオレとのつきあいが面倒になったのかなあ。……………i

という思いもあったが、それをマリさんに伝える意図は（情報意図も伝達意図も）なかった。カズト君が内心に隠していたことを見破られたようである。これを、話し手の立場から**見破られ**（聞き手の立場からなら「見破り」）と呼ぼう（表4―1のⅣ）。

なお、話し手の情報意図、伝達意図の有無は一かゼロかに限られるわけではない。d（遅いよ）という推測をさせようという点では、両意図とも有していることは確実だろうが、f（最近毎週遅れてくるんだね）、g（だんだんいい加減になってきたね）、i（マリはオレとのつきあいが面倒になったのかなあ）のような推測を生じさせることについては、話し手には情報意図はあっても伝達意図が曖昧だったり、さらには情報意図も曖昧というような中間的な場合も想定可能である。

ケース2―5：ついでに、ケース2―4と同じ場面で、「マリはオレとのつきあいが面倒になったのかなあ」という内心が伝わらないままの場合、つまり**隠蔽**ということがあるのは明らかであろう（表4―1のⅦ）。

最後に、次のようなケースがある。

ケース2―6：マリさんが近くにやって来たとは知らずカズト君が、

遅いなあ。………d

と口にしたのをマリさんに聞かれてしまった。このため「遅いなあ」という気持ちがマリさんに伝わってしまった場合である。カズト君には情報意図も伝達意図もない。**口の滑り**と呼ぼう

（本書ではこのことと第2章の「うっかり発言」「失言」とは区別している〔注4―5〕。表4―1のⅧ）。

何も言わないことが何かを伝える場合は？

関連して、何も言わないことで批判が伝わるという場合を指摘しておこう。社内での仕事ぶりについて、上司の大倉さんが部下の畑中さん、広瀬さんの両方がいる前で、畑中さんには、

　最近のあなたのがんばりは素晴らしいね。

と言った。一方広瀬さんには何も言わなかった。この場合、広瀬さんに対しては、

　君はちょっとがんばりが足りないね。

といった批判を伝えようとしている可能性が強いが、もちろんこのような「言わないことによる批判」は意図明示的ではない。情報意図はあっても伝達意図を欠く、暗示である。

聞き手の側から見ると

以上話し手の側が、自分のコミュニケーションの意図についてどのように捉えているかを議論してきた。しかし、聞き手がそれをどう解釈するかは別問題である。たとえば前述のカズト君とマリさんの件で、カズト君が、

　遅いよ。……d

とか、

もう七時二〇分だよ。………e

と言えば、マリさんはまず間違いなく、カズト君がこの発話で「遅いよ」ということを、分かるように、はっきり伝えていると解釈するだろう。しかし、

もう七時二〇分だよ。………e

と言って、

最近毎週遅れてくるんだね。………f

だんだんいい加減になってきたね。………g

という隠意の意図明示や暗示を試みた場合はどうだろうか。マリさんはカズト君の思惑通りにはこのような推測をしないこともありうる。

しかし一方では、カズト君は思ってはいても分からせるつもりがなかった（情報意図がない）のに、

マリはオレとのつきあいが面倒になったのかなあ。………i

という内心に隠していたことをマリさんが察知することもある。すでに述べた見破り（見破られ）である。あるいは、カズト君はiなどと全く思ってもいなかったのに、マリさんが誤って勝手に推測する（聞き手の深読みだが、話し手の側から深読まれとしよう）こともありうる（ケース2―7：表4―1のⅥ）。

ケース2―8：これに関連して2―7（深読まれ）と2―4（見破られ）の中間的な場合も

想定可能である。すなわち、話し手が必ずしも意識していなかったことを聞き手が見抜くような例である（見抜かれ、表4—1のV）。

このようにIからⅦまでは連続的につながっていることになる。

さらに言えば、マリさんはカズト君が隠そうとしていることを見破ったと思っていても、実はカズト君としてもそのことを、隠意として分かってほしかったということもあるし、逆にマリさんが推測した内容を彼女自身はカズト君も分かってほしいと思っていたと感じても（暗示）、実はカズト君としては知らせるつもりのなかったことである可能性もある（見破り）。つまり、話し手が、推測を通じて分からせようとした、それとなく示した、心の中に抱くだけで伝える気がなかった、のいずれであったか、などに関しては、話し手の思惑と聞き手の解釈が食い違うことはしょっちゅうであろう。

妻：今日も帰り遅くなる？

夫：いつも遅い、遅いって非難するんだから。遊んでるわけじゃないんだよ！

妻：そんなこと言っていない。ただ予定を聞いただけだよ……

本章冒頭の妻と夫のやりとりである。たしかに、妻は「そんなこと」は言っていない。しかしそれは意図明示的に、表意、推意では言っていない、ということである。妻が「夫の帰りが遅い」という非難の情報意図がある（暗示）、そんなものはないのに夫が深読みした、妻が隠そうとしていた、あるいははっきり意識していないような不満を夫が見抜いたり見破った、などさまざまなケース、さらにはそれらの中間的なケースがありうる。もちろん妻がどういうつもりで言ったのかと夫の解釈とは、一致しないかもしれない。

感情・評価の伝達

話し手の怒りや差別の感情がどう伝わるかも考えておく必要がある。これらは、

私は今怒ってます。

X国人は不潔だ。

のように表意、あるいは推意として意図明示的に伝わることもあるが、話し方（語彙、敬語、方言的な発音の使用、非言語の口調、表情など）からも伝わる。後者の場合、話し手が情報意図を有する場合（暗示）もあるが、隠そうとしていても聞き手に見破られてしまうことも多い（見破られ）。また、話し手自身は自覚していないことを聞き手が見抜く場合もあるだろう。

本書では以上に解説した意図明示、暗示や推意、隠意等の概念をたびたび取り上げることになる。表4―1はその都度参照していただければ幸いである。

効果意図

以上のような伝達を経て、いろいろな効果や影響が結果として生ずる。相手を厳しく叱って考えを改めさせようとか、優しいことばをかけていい印象を与えようとか、真剣さを示すこと

で依頼を引き受けてもらおうとか……。こうした意図のことを効果意図と呼ぶことにしよう。

効果意図は、単純に一つ一つの発話と結びついているわけではない。いろいろの発話の積み重ねで一つの意図が成し遂げられることが多いし、相手次第でうまくいかないこともある。ポライトネスも、話し手の意図として捉えるとすれば、効果意図ということになる。

京都人の「いけず発言」

批判的な隠意を暗示する例として格好なのが、「京都人のぶぶ漬け」という話である。京都で古いお宅を訪問する。しばらく話していると、

ぶぶ漬け（お茶漬け）いかがどす？

と聞かれる。これは決して食事を勧めているのではない。「もう帰れ」という意味である。つまり字義的な「ぶぶ漬けいかがどす？」はたしかに表意であるが、「もう帰れ」という隠意が最も肝心な情報意図ということになる。真偽のほどは別として、この話はよく知られていると思う。

そこで、インターネットで「京都人　いけず（意地悪）」と検索すると、「京都人」のこのような言動の例が多く現れる[36]。そして「京都人にはこの手の言い方が多いから、よそ者には住みにくい」というような話に続く。そのなかで京都人の発言とされるものの多くが攻撃や批判の暗示である。それらを紹介していこう。まず、

いやぁ、面白い食べ方しはるねぇ。
変わった帯の結び方やねぇ。
もちろん、それぞれが、
下品な食べ方ね。
帯の結び方も知らないの、非常識ね。
という情報意図を持つ。これらは比較的分かりやすい例かもしれない。しかし、
ええべべ着といやすこと（いいキモノをお召しですこと）。
この、表意としては褒めことばである発言の、情報意図はお分かりだろうか。
着ている人よりキモノの方が良い、似合っていない。
ということだそうである。
坊ちゃん、ピアノ上手にならはったなあ。
はどうか。息子のピアノを褒められたようだ。そこで調子に乗って、
どうもありがとうございます。
と答えるのではなく、
いやあ、まだまだですよ。
と謙遜《けんそん》すれば京都人は了解するというものではない。なぜなら、話し手の情報意図は、
ピアノがうるさいよ。

ということだったのだから。

以上、非京都人であれば話し手の情報意図を推測しにくいし、こうした発話に慣れている京都人であればそれを推測しやすいという違いはあるだろう。しかし話し手である京都人はそれらを公然とは認めないだろう。つまり責任逃れをしているわけであり、しかも話し手には相手をギャフンと言わせようという効果意図も有することは十分に考えられる。

こうした言い方でターゲットにされ、聞き手があとでそのことに気づくとすればかなり辛いし不快であろう。褒められるようで実は批判されている。批判する気があるのならもう少しはっきり言ってくれればいいのにとも思うことであろう。もちろん、もし「ピアノが上手になった」と言われて、心底褒められていると思ってうれしそうな顔をすれば、「こんなことも分からないのか」といっそう批判、あるいは嘲笑《ちょうしょう》の対象になりうる。聞き手が話し手のそんな底意まで気づけば、よりぐさっとくる。

間接的攻撃は利用しやすい？

話し手は間接的な表現によって批判すること、つまり攻撃や批判を露骨に出さず、推意や隠意によって表現することを、便利だと感じるだろう。

まず、卑罵語等を用いて露骨に攻撃していないから、ターゲット自身や第三者から「口汚さ」を非難されにくいと感じる可能性がある。また、自分の意図が何であるかを相手の推測に委ねることによって、話し手自身は全面的攻撃をしたのではない、多かれ少なかれ免責される、という感じを持つのではないか。そのことは隠意を暗示で表現するような場合は、とくに当てはまるであろうが、伝えたいということが明らかな推意による攻撃、批判であっても、表意によって攻撃するよりは責任を自覚しにくいのかもしれない。

ただし、攻撃や批判を受ける側である聞き手にとってはどうであろうか。批判に正当性がある内容であれば、間接的に柔らかく言われるほうが不快感を受けにくいかもしれない。ただ、不当な攻撃や批判は、推意や隠意なら批判されても許容できるというものではないと思われる。より悪意を感じることもあるだろう。

それに、間接的であるなら言いやすいということで、加害者はかえって批判的な言明を抑制しにくくなるおそれもある。後述のセクハラにもこうした点が関わりがちである。

なお、「京都人の発言」とされるもの（もちろん、事実とはいえないかもしれないが）のような間接的批判には皮肉っぽい感じがあると思う。実際これらは皮肉の一種と見なしてよいと思うが、その理由は後述する。

非言語的攻撃

先に、待ち合わせに遅れてきたマリさんに対して、時計を見るという非言語行動で「遅い」という批判が伝わるという例で、意図明示的な場合のほかに暗示的な場合、さらには意図なしにうっかり伝わる場合がありうることを説明した。非言語チャネルは言語よりは意図非明示的な伝わり方をすることが多い。

さらに非言語チャネルの中でも意図性には相違がある。表情や口調によっても攻撃や批判は伝わるが、これは時計を見る行動以上に送り手自身がコントロールしにくい。したがって怒りの感情が思わず顔に出てしまう、つまり情報意図、伝達意図なしに伝わることも多い（注４―６）。

しかし一方ではコントロールしにくいという性質を逆手にとって、自分でコントロールしていても（つまり情報意図があっても）それがないように振る舞う、すなわち暗示による責任逃れもしやすいというわけである。このようなやり方でカズト君がマリさんに巧妙に怒りを暗示すれば、マリさんのほうも、カズト君は思わず顔に出てしまったな、と解釈する。怒りの顔を見せられても腹が立たないだけでなく、カズト君を不快にさせないようにむしろこちらが気をつけねば、ということにもなる。この辺は言語チャネルと比べて、非言語チャネルによる表現の有利なところである。

もちろん非言語チャネルは、言語にも必ず伴う。そして言語からの推意、隠意の推測を助けることもある。しかし、言語チャネルと非言語チャネルは矛盾することもある。たとえば、「何も怒っていないよ」と言いながら、口調が非常に攻撃的であったり、「この野郎」と言いながら顔では笑っているというような場合である。こうした場合、右のようなコントロールのしにくさという点から、聞き手には非言語チャネルのほうが本心であると受け取られるのが普通である（「見破られた」ことになる）[37]。

このことを逆用し、相手を威嚇するために言語に加えてわざと怖い顔をすることによって（しかし思わず顔に出たように装って、つまり暗示である）、攻撃の効果を意識的に強めることも可能ということになる。

意図の不確定性

さて、これまでいろいろと説明したことを否定するようではあるが、このような意図についての見方は、現実をそのまま反映したものではない。非常に単純化したものである。

実際、話し手の立場から見たとしても、話しことばにおける発話の意図は、効果意図だけでなく情報意図、伝達意図についても、実際には最初からそんなにはっきりしたものではないことが多い。むしろやや漠然とした目標があって、話しているうちに、そして相手とやりとりが進行していくなかで、だんだんと意図が明確になっていくのが普通であろう。たとえば書類の書式を間違えた部下に対して上司が、何となく苛立《いらだ》ったが最初は、

君は書式のマニュアル確認した？

と穏やかに話しかける。

いいえ、まだマニュアルを勉強不足で……。さっそくちゃんと勉強します。

と部下が答えていれば、上司は自分が部下に事実を問いかけたと解釈しただろう。しかし部下が、

いやあ、まあ。

と、曖昧な答えをするので、

だいたい、間違いが多すぎるよ。

マニュアル、たしかに渡したぞ！

ちゃんと確認するのが当たり前じゃないか！

などとことばが加わるうちに、叱責の効果意図が上司自身にも明確になっていく。相手をガツンとやってギャフンと言わせたかったのだと。このような場合、話し手は情報意図や効果意図を後付けで解釈している。聞き手である部下のほうも、次に上司がどのように話してくるかによっても、意図の解釈を変えていく。

「悪意」はこのような形で次第にエスカレートしていくことが多い。

注4—2：この分野のパイオニアはグライスであるが、グライスの理論は本書での議論の展開には直接は関係しない[38]（この理論の詳細は前著で述べた）。ここではその後何人かの研究者が発展、修正を試みたなかから、レビンソンと、スペルベルとウィルソンが論ずる推意を紹介する。とくに、後者の「意図明示的伝達」の考えを借りるが、彼らの理論（関連性理論）に完全に沿った議

論を行うわけではない。なお、意図の問題は非常に複雑である。意図は言語行動に先行しないという議論もある。[39] しかし、ここではそれに立ち入るわけではない。あくまでも、話し手の意図を話し手自身や聞き手がどう捉えるか、という観点の議論である。

注4—3：「情報意図」の「情報」というのは、真偽が判断できることを述べた内容と狭く捉えなくてよい。非難する、怒りの感情を伝えるなどの言語行動（言語行為）も該当するし、命題としては明言されないような話し手の感情、アイデンティティなども含めている。また、スペルベルとウィルソンは、推意を前提から演繹《えんえき》される論理的なものとして捉えている。しかし本書で隠意として議論しているのは、そうしたものに限らない。

注4—4：ここでは本書の趣旨に即して、誰かを批判、非難する例を扱う。主に相手に対して批判が向けられる例を示すが、第三者をターゲットにして批判する場合も同じ議論は可能である。意図の議論自体はさまざまなコミュニケーション行動に共通のものである。なおこの例のような非言語による伝達の場合には、後述の、ことばによる伝達のような、表意（表現通りにはっきり分からせる）に該当するものはない。ただし非言語行動でも、（日本で）あかんべえによって軽蔑を表すような、表現と意味に規約がある場合は、表意を表しているといえる。こうした非言語行動は、言語行動に非常に近い。

注4—5　ここでの口の滑りと、第2章の「うっかり発言」の「うっかり」かどうかということとは別であると考える。うっかり発言というのは、伝わった内容が適切ではなかったと非難され

る場合であり、たしかに話し手もターゲットを傷つけることを認識していて、言ってはいけないと思っていたことを思わず口にした場合（口の滑り）もありうるがそれだけではない。発話の表意自体は話し手も意図したとおり（意図明示的）であっても、そこから聞き手や第三者が推測するだろう内容、またそれに伴う聞き手の困惑や不快感を、話し手が見通せなかった場合もある。注４―６：もちろん「あかんべえ」で軽蔑を表すような場合は、情報意図、伝達意図ともに存在する。

（５）皮肉とからかい

皮肉の基本的特徴

間接的な非難、攻撃表現としては、**皮肉**も見逃すことができない。皮肉は聞き手や第三者をターゲットとした間接的な批判であるが、そのなかに**不誠実性**を含むものである。ここで不誠実性というのは、内容、言語表現のほか、口調、ジェスチャーなどの非言語行動におけるいろいろなひねりである。(40)

典型的な皮肉として、次の例が挙げられる。ダイスケ君が海鮮パスタを作ってくれたが、塩味しか感じられなかった。とてもおいしいとはいえない。そんなときに、

ダイスケ君は料理が上手だね。

のように言う。これには「事実と反対」という不誠実性がある。

ダイスケさまは全くもって料理がお上手でございますね。

のように誇張や変な敬語を加える。さらに口調を不自然にしたり、目配せ等をしたりするなら、それだけ皮肉らしさは増す。これらも不誠実性として機能するからである。

ただ、事実に反することを言わなくても皮肉になりうる。会議での山本さんの説明が丁寧すぎて回りくどいときに、

山本さんはほんとうに説明が丁寧ですね。

と言うのは、事実を口にしているのだが皮肉っぽい。字義的にはポジティブな感情（評価）を表現しているのに、伝えたい内容はネガティブな感情（評価）、つまり感情の逆転という不誠実性が含まれるためである。さらに、勉強を怠けてゲームばかりをしていた子どもに親が、

ゲーム上手になれてよかったね。

と言うのも十分に皮肉になりうる。これも感情の逆転があるからである。最初のような「事実と反対」の皮肉にも、感情の逆転が含まれていることに注意されたい。そうすると、以上の例の共通の特徴は、話し手がターゲットに対するネガティブな感情を示すために、字義的にはポジティブな感情を表現してみせるということである。これらを**逆転型の皮肉**という。逆転型の皮肉を特徴づけるとすれば、「あるターゲットについて、さまざまな言語的・非言語的不誠実性によって、字義的にはポジティブな感情を表明しながら、ネガティブな感情を仄《ほの》めかす表

現」と捉えることができる。不誠実性が明瞭《めいりょう》であるほど皮肉らしさが際だってくることになる。

先に「京都のぶぶ漬け表現」を紹介した。それらは褒めるようでいてけなしているという意味で、逆転型の皮肉の特徴を有している。しかも、けなしているという隠意を読み取るためにはあれこれ気を回して推測する必要がある。そして京都弁をことさら強調しているということも、不誠実性を強めているかもしれない。それだけ高等な皮肉表現と見なせるだろう。

非逆転型の皮肉

以上の逆転型とは異なるタイプの皮肉もある。これも相手や第三者をひねった形で間接的に攻撃しているが、字義的にポジティブな感情を表明していないものである。たとえば次のようなものが該当する。

（下手な英語の発音に対して教師が）君、どこのことばをしゃべってるの？

（部屋を散らかしてる子どもに母親が）お部屋が汚らしゅうございますわね。

（待ち合わせに三〇分遅れた石井君のことを）石井君には半日待たされたよ。

これらは、修辞疑問、不自然な敬語、誇張という不誠実性を含んでいるが、ポジティブな感情は字義的には見られず、感情の正負逆転はない。こうしたものを**非逆転型の皮肉**と呼んでおく。

このように皮肉の範囲は広い。そこで、逆転型、非逆転型をまとめて皮肉全体を特徴づけるならば、「あるターゲットについて、さまざまな言語的・非言語的不誠実性によって、ネガティブな感情を間接的にひねった形で仄めかす表現」となるだろう。

皮肉の攻撃性とユーモア

皮肉の衝撃度はどの程度なのだろうか。直接的攻撃の、

ダイスケ君は料理が下手だね。

と比べて、逆転型皮肉の、

ダイスケ君は料理が上手だね。

は、穏やかな攻撃といえるのだろうか。こうした表現の印象を検討した実験的研究では、皮肉のほうが攻撃的であるという結果が得られたものと逆の傾向が得られたものの両方がある。[41]

この理由についてはさらに解明していく必要があるが、皮肉の研究で一貫して得られている結果もある。それは皮肉が直接的な攻撃よりはユーモラスであるという点である。[42] これは逆転することやそのほかの不誠実性によって攻撃にひねりが加えられている、という点が寄与しているものと思われる。

皮肉の意図

ここで意図という面でも整理しておこう。皮肉は、意図明示的には字義的な意味を伝えてい

る。逆転型の皮肉であれば、表面的なポジティブな感情も意図明示的である。一方、真に伝えたいネガティブな感情については、暗示していると考えるべきだろう。

しかも、皮肉によくあることとして、同じ発話を複数の聞き手に向けるとき、聞き手によって意図される内容が異なる場合がある。説明がくどすぎる山本さんに対して、

山本さんはほんとうに説明が丁寧ですね。

と言うとき、山本さん自身は皮肉とは理解できないだろう。しかし傍らにいる中川さんには皮肉であると理解してほしいと思うことがある。こういう形で山本さんへの批判を行使しようとする。このとき、ネガティブな感情については、山本さんに対しては情報意図を有さないが、中川さんに対してはそれを有することになる。

間接的な攻撃と皮肉っぽさ

以上、直接的攻撃について、間接的表現すなわち推意、隠意から生ずる攻撃、批判を扱ってきた。ここで、攻撃の表現の強さと悪意、皮肉っぽさの関係をまとめておこう。

直接的攻撃では悪意はストレートに強く示される。そうなると「不誠実性」が生じにくくなるので、皮肉っぽさは感じられにくい。一方間接的表現では、悪意の表出はことばのうえではそれほどストレートではない。そしてそこにひねり、すなわち「不誠実性」が含まれることで、ふざけた感じが生じる。それが皮肉につながる。そこには多かれ少なかれ悪意も感じられる。

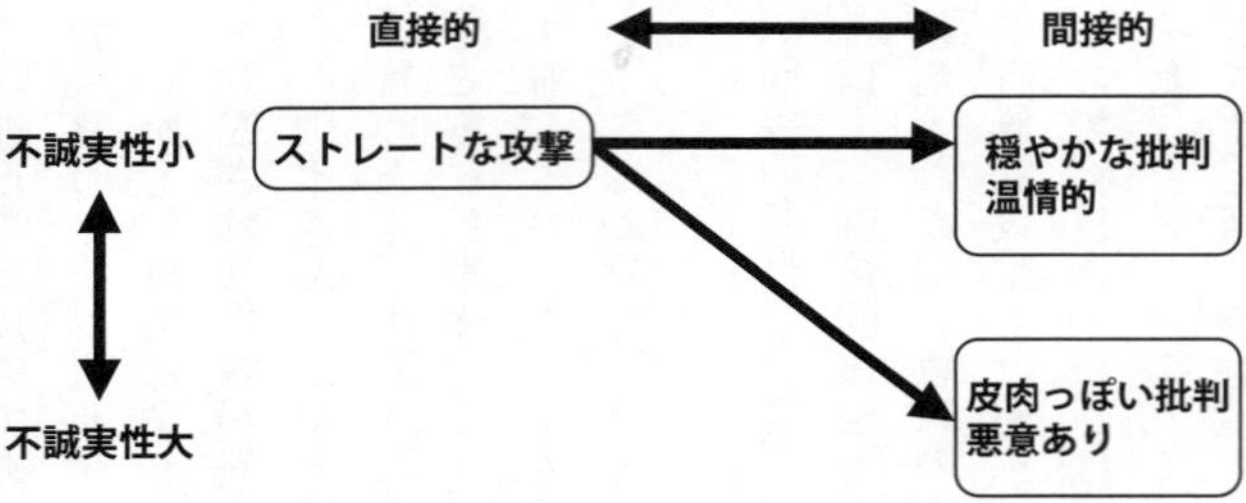

図4—5　表現の直接性，不誠実性と攻撃表現のニュアンス

これが京都のぶぶ漬け表現にも皮肉っぽさが感じられる理由である。

しかし単に推意や隠意によって批判を表現するだけで、ひねりが感じられないような場合、たとえば上司の大倉さんが、仕事ぶりがよくない部下の広瀬さんに多少残念そうな口調、表情で、

ちょっと勉強不足だなあ。⇓準備をやり直せ。

と言うような場合は、皮肉っぽさはなく、むしろ温情的な弱い批判となる。

なお間接的表現でも、終助詞や口調、表情などによって攻撃性をある程度強めたり、逆に弱めて表現することは可能である。ただ、攻撃性が強まると逆に不誠実性は弱められるので、皮肉っぽさは減じる傾向があると思われる。

何度言ったら分かるんだ!?……a

何度言ったらお分かりになるの?……b

はいずれも修辞疑問を伴っているが、aのような強い表現では普通の非難に感じられ、bの例のように弱い表現なら皮肉っぽくなるのは、こうした理由による。

以上図４—５も参照されたい。

からかい

次に、「からかい」とか「いじめ」について考えてみよう。「からかう」の意味を辞書で調べると、「③冗談を言ったり困らせたりして、人をなぶる。相手のいやがる言動をして面白がる。揶揄《やゆ》する」（『広辞苑第六版』）とある。かなり広い領域の、いろいろな言語行動を指すことになる。この「からかい」に近いのは英語では teasing である。それには、批判するが褒める、侮辱するが愛情を示すといったパラドキシカルな面があるという。[43] このように、からかいや teasing にはプラスとマイナスの両面がある。

そしてからかいのなかにも、とくに親しみを込めたものもある。親しい友人や恋人などにわざと意地の悪いことを言う。ただ、本気なものではないことは自明である。

これについては大津が「遊びとしての対立」として実例を挙げて分析している。[44] 具体例を示そう。二〇代の親しい女性どうしの会話である。Sの大事に乗っていた車が事故で廃車になってしまった。

Ｓ：あれ、　うんー　だからー　大事に乗ってたのに。ハ
Ｕ：その強気が
Ｓ：ハハハハハハ

U：ハハハハ事故を招いたのだ
S：ハハハハ
U：前方不注意を招いたのだ。
（原著では発話と笑いの重なり等も示されているが省略）

お互いのこうしたやりとりによって親しみを分かち合うわけである。「強気が事故を招いたのだ」等、UがSを非難する内容だが笑いが入っているし、Uは文末に「のだ」を用いたりしてふだんとはスタイルを変えている。そのことによってからかいが本気ではないことを示唆する。

日本の研究で、相手の外見・行動、悩み、また相手の友達や行動をからかう冗談（「遊びとしての対立」に相当）について話し手の立場に関して調査したものがある。(45) 統計的分析の結果、過去における相手との冗談のやりとりのなかで「どんな冗談なら相手が笑うか、冗談を言ったら相手が期待通りの反応をするか」などの「他者理解感」や、「度の過ぎた冗談でも聞き流してもらえる、相手から許される」といった「被受容感」が形成され、これらが冗談から親和的な意図が伝わるだろうという期待に結びつく、ということが明らかになった。からかいはこのような意味では、社会的関係を良好に維持していく役割を果たしていることになる。

皮肉との共通点

表4—2　皮肉と遊びとしての対立の比較

	字義上の感情	伝えたい感情
褒め	相手を高める　＋	相手への賞賛　＋
皮肉	相手を高める　＋	相手への非難　―
遊びとしての対立	相手を低める　―	相手への親しみ　＋
直接的攻撃	相手を低める　―	相手への非難　―

ここまでの説明ですでに気づかれたかもしれないが、遊びとしての対立には、聞き手をターゲットにした逆転型皮肉と共通する面がある。皮肉とは、字義的に表明する感情と相手に伝えたい感情が逆転しているという点で相通じる。

皮肉には不誠実性が伴ったが、遊びとしての対立に笑いやスタイルの変化が伴うのも不誠実性と解釈できる。それがからかいであることの信号になっている。そして遊びとしての対立もユーモアがあるものである。これらは皮肉と通じる。さらに不誠実性がうまく機能しなくて、話し手の意図と聞き手の解釈にズレが生ずる点も両者で起こりうる。

ただし感情の逆転についていえば、皮肉では字義上はプラス感情だがほんとうに伝えたいのはマイナス感情に逆転するのに対して、遊びとしての対立では字義上はマイナス感情だが伝えたい感情はプラスに逆転するということになる。以上を褒めや直接的非難も含めて整理すれば、表4—2のようになる。

なお、さらに「高等」なやり方として「皮肉を用いた、遊びとしての対立」という言語行動も考えることができる。歌の下手な友人に、

お前、歌上手だなあ。

と言う。皮肉ではあるがそれを親しみ表現として使うわけである。

遊びとしての対立は諸刃の剣

以上のように遊びとしての対立は、相手との親密な関係を形作っていくツールではある。しかしこれは扱いが難しいツールでもある。遊びであることがうまく相手に通じないときに問題が生ずる。それを防ぐためにあるのが、笑いや不自然な口調、ジェスチャーなど「不誠実性」を交えた、相手への攻撃が本心ではないことの合図だが、必ずしもうまくいくとは限らない。

それに通じないといっても、皮肉が通じない場合とは異なる。皮肉はポジティブな表現で相手にネガティブな気持ちを示す。それが通じないならポジティブな気持ちを示したと受け取れることになる。だから、知らないうちに相手を傷つける危険は少ない。

一方遊びとしての対立では、相手にネガティブな表現でポジティブな気持ち（あるいは単なる冗談）を示すつもりが、通じないとネガティブな気持ちを示すことになる。そこで意識せずに相手を傷つけてしまうことになりうる。この点、皮肉とは対照的であり危険性を伴う。互いの関係がうまくいっていればからかいあうことに満足が感じられるが、うまくいっていなければぎくしゃくしたものになってしまう。そして、からかう側とからかわれる側で地位の差がある場合、地位の高い側から低い側へのからかいは低い側から高い側へのからかいに比べて、マイナスのニュアンスが強くなりがちである。(46)

遊びとしての対立がうまくいくのは、両者の信頼関係が十分に熟している場合である。そこを見誤ればからかいは「遊び」ではなくなり、いじめの方向にずれ込んでいく。遊びとしての対立は諸刃《もろは》の剣である。

加害者と被害者——見方の違い

いじめと、からかいや冗談との境界が曖昧なのには、からかう側とからかわれる側の感じ方の違いも影響している。からかった側は面白半分、ほんの冗談のつもりだったが、相手はいじめとして非常に深刻に受け取った。このような加害者側と被害者側の受け取り方の差は、いくつかの研究で実際に確認されている。

相手をからかった経験やからかわれた経験を具体的に報告してもらい、どう感じるかを検討した研究がいくつかある。加害者側、被害者側の両方にその出来事をどう解釈したかを評価してもらっている。アメリカの研究でも日本の研究でも一致した結果として、加害者側のほうが被害者側よりも、ユーモアのつもりでからかった、相手を傷つけるつもりはなかった、と答える傾向があることが見いだされている[47]。また、四人グループの中で互いにあだ名をつけてからかいあう、という実験場面を実際に設定して、その中での参加者の行動を観察した研究では、被害者は加害者に比べると当惑や苦痛の表情を多く示していた[48]。

つまり、からかった側はユーモアを示す目的で行ったつもりでも、その気持ちは相手にはうまく伝わらない可能性がある。加害者は被害者よりもからかいを善意で冗談によると見なす傾向があり、その結果、自分は善いことをしていると感じることになる。ここには自分の気持ちは相手にも分かってもらえているという、透明性錯覚が関わっている。

やりとりを重ねるうちに

そのうえ、相互作用が進行するなかでも、遊びとしての対立からいじめへのずれ込みが考えられる。からかわれた側も最初は面白がっている、というケースもある。ただ、何回も繰り返されれば、不愉快になってくるかもしれない。しかしいったん面白がった反応を示してしまうと、次に多少不愉快を感じても、それを相手に明確には示しにくくなる。さらに、仮に不愉快を表明しても、相手がそれ自体を真に受けない可能性もある。「冗談」で困った顔をしているというように都合よく解釈してしまう。透明性錯覚によって、からかう側は軽い冗談の気持ちは相手に通じているはずと思うし、からかわれる側は困惑していることが相手に分かるはずと思い、よけい不快になる。

そして、いじめへ

こうしてからかいが繰り返される。かりにもともとは対等であっても、やがて優位劣位の力関係ができて、一方的に相手を不愉快にさせることが積み重なる。まさに「いじめ」が成立することになる。しかしそれでも、からかう（というよりいじめる）側は気づかないままであるという悪循環ができあがってしまう。

いじめ、英語ではbullyingの定義は必ずしも一定しない。ただ、いじめ問題に関する多くの研究者が一致しているのは、a：何回も繰り返して行われること、b：いじめる側といじめられる側に力関係の差があること、そしてc：本書で注目している言語的攻撃のほか、身体的な攻撃や陰で持ち物を壊す、名誉を傷つける、さらには仲間からの排除といった多様な形態を有することである。[49]

いじめに、からかいよりもネガティブなニュアンスがあることは明らかだろう。ただ、両者には重なる部分がある。いじめでも、加害者の側はそれに面白みを感じている。[50] このように両者の区別が曖昧になりうること自体が問題となる。加害者側はたいしたことはないからかいと思っても、被害者側にとっては深刻ないじめである、というありがちな問題にもつながっていくわけである。

第5章　こじれていく関係——セクハラとクレーマー

（会社で）
部長：アケミ君、君は笑うと歯が美しいね。
アケミ：それはちょっとセクハラですよ。

（スーパーで客が店長に）
総菜コーナーのアルバイト、対応が悪いよ。あたしのほうが先に目が合ったのに、ほかの客を優先したのよ……。

本章では、社会の中での悪意の表出の具体例として、セクシュアル・ハラスメントとクレーマーを取り上げる。異なった現象ではあるが、両者には共通点もある。話し手の意図と聞き手の解釈が一致しないこと、そしてそのために話し手の意に反して問題がこじれていくことが多いという点である。セクハラでは、話し手は好意や親切心のつもりでも、相手はそうは受け取らない。クレーマーに関しては、話し手は正当に相手を批判しているつもりなのに、いつのまにかとんでもない攻撃者と見なされるということも起こりうる。

（1）セクハラ

平成の始まりとともに

セクシュアル・ハラスメント（sexual harassment）ということばが日本で使われはじめたのは一九八〇年代の終わりころである。一九八九年、つまり平成の始まりの年にこの問題をめぐる日本ではじめての民事訴訟が起こされた。女性が職場の上司からの嫌がらせ、退職の強要について損害賠償を求めたのである。そしてこのことばは、その年の新語・流行語大賞の新語部門金賞を受賞することになった。これが、このことばの広まる一つのきっかけになったと考えられる。(1)

はじめは「何のこと?」という感じであったが、まもなく「セクハラ」と短縮化して言われるようになり、その言い方が定着するとともに中身についても次第に理解が深まっていった。ちなみに、アメリカでこのことばがはじめて用いられたのは一九七六年で、広まったのは八〇年代からである。(2)そんなに古くからあった言い方ではないわけだ。しかし洋の東西を問わず、そうした行為がずっと以前から存在していたのは間違いない。そして行為に「セクハラ」のような名称がつくことと相伴って、行為の問題点の認識も深まっていった。

セクハラとは何か

ここで改めてセクハラとは何かを確認しておこう。厚生労働省のホームページに、セクハラの具体的な内容が次のように示されている(3)。

①性的な内容の発言：性的な事実関係を尋ねること、性的な内容の情報（噂《うわさ》）を流布すること、性的な冗談やからかい、食事やデートへの執拗《しつよう》な誘い、個人的な性的体験談を話すことなど。

②性的な行動：性的な関係を強要すること、必要なく身体へ接触すること、わいせつ図画を配布・掲示すること、強制わいせつ行為、強姦《ごうかん》など。

また、セクハラには「対価型」と「環境型」がある。**対価型**とは、性的な誘い等に抵抗したりそれを拒否したりすると解雇、昇進不可、不利な配置転換など不利益をこうむると意図明示したり暗示するもの、**環境型**とは、職場での性的なことばや写真等の掲示により、職場にいる人々に不快感を与え、それが職務の遂行にも悪影響を及ぼすというものである。男女機会均等法の改正により二〇〇七年より男性労働者も救済対象となったし、雇用管理上の措置義務（セクハラの内容の周知徹底、相談窓口の設置など、雇用者が必ず一定の措置を講じなければならない）へと強化された。

セクハラは被害者が不快感を感じる以上は、（潜在的な）加害者がそれをセクハラと認識しているかどうかにかかわらず成立するとされる。したがって、加害者側の意図（効果意図）がなくともセクハラとなる（注5―1）。同じことばや行為でも、当事者間の関係によってセクハラになることもならないこともある。

ただし、「被害者」の側がどんな無茶《むちゃ》なことを申し立ててもセクハラとなるわけではない。厚生労働省の職場のセクハラのガイドラインでは、（女性が被害者の場合）『平均的な女性労働者の感じ方』を基準」とするとされている(4)。要はこうしたときに「平均的にはどう感ずるか」に、加害者が思いが及ばないところが問題になるのである。

女性から男性へのセクハラも十分にありうるが、やはり男性から女性へのセクハラが圧倒的に問題になりやすい。世界各地でのセクハラの実態研究を概観した小林は「あらゆる国でセクシュアル・ハラスメントが発生しており、そのターゲットとなるのは主として女性である。そして、セクシュアル・ハラスメントは、男性よりも女性のほうに、より深刻な影響をもたらす」と結論づけている(5)。

この背景には、潜在的なレベルにせよ女性に対する性差別の意識があることは間違いないだろう。また、職場では男性のほうが地位が高い場合が多いという現状も、原因となっていると思われる。したがって以下の議論では男性加害者、女性被害者の場合を想定して例を挙げていく。また、職場での例を中心に説明していくが、中学、高校や大学における教師と生徒、学生の間でも、同様の問題はもちろん存在する。[6]

さまざまなレベルのセクハラ

セクハラはその深刻さにもいろいろなものがある。奥山はモラル違反で道義的責任が問われるレベル、服務規律違反で懲戒責任が生ずるレベル、そして違法行為で民事、刑事上の責任が生ずるレベルに分けている。[7] もちろん後者ほど深刻、重大であるが、下手をすると道義的責任程度のものから始まっても、懲戒責任、民事・刑事責任へと次第にエスカレートしていくおそれがある。

また、加害者と被害者が対人関係や事態をいかに認識しているかも、セクハラの深刻さに影響する。窪田はセクハラにつながる可能性のある状況を、（潜在的な）加害者に権利侵害の意図があるか否か、力の格差の認識があるか否か、また、（潜在的な）被害者に言動に対する不快感があるか否か、力の格差の認識があるか否かによって一六通りに分類している。[8] それを表5―1に示す。

被害者がセクハラと感じている左半分の場合について窪田は、加害者の認識にかかわらずセクハラは成立すると論ずる（ただ、前述したように、「平均的な潜在的被害者から見てセクハラと見なされれば」という注釈は必要であろうが）。窪田はセクハラの深刻度（被害者の苦悩、困惑）・危険度に応じて、三つの段階に分けている。●が最も深刻・危険で、▲、×の順になる。

表5―1　潜在的加害者，潜在的被害者の認識に基づく潜在的加害者の言動の分析

					潜在的被害者の認識			
					言動に対する不快感			
					有		無	
					力の格差の認識		力の格差の認識	
					有	無	有	無
潜在的加害者の認識	権利侵害の認識	有	力の格差の認識	有	1 ●	5 ▲	9 ●	13 ●
				無	2 ●	6 ▲	10 ●	14 ●
		無	力の格差の認識	有	3 ●	7 ▲	11 ×	15 ×
				無	4 ●	8 ▲	12 ×	16 ×

●：危険度大　　▲：危険度中　　×：危険度小

グレー部分：セクハラが成立する状況

（窪田，2011を再構成）

もちろん、現時点で被害者側がセクハラと感じておらず、現実の「被害者」というわけではなくとも、加害者側がそれをいいことに言動をエスカレートする可能性はあるわけである。斜線部（9、10、13、14）は、セクハラが成立している状況ではないが、加害者側にセクハラの意図がある以上、被害者の無反応に乗じて行為をエスカレートするおそれがあるので、危険度は高いとされている。そうでなくとも、被害者側は何らかのきっかけで不快感を感じはじめる可能性は常にある。加害者側は冗談、からかいであるつもりが、いつのまにかセクハラにずれ込んでいくという過程は、一般のいじめの場合と同様である。

どんな発言がセクハラになりうるか

本書ではことばによるセクハラに重点を置く。「ことば」の問題は強姦等や性的行為の強要のようには、ただちには懲戒や刑事罰の対象にはなりにくいだろう。しかし、それ自体が被害者には困惑、不快感を与える。心理的ダメージが非常に大きい場合もある。また、ことばから行動へと発展して、深刻な問題が生じることもある。「いわばセクハラの入り口」で、たかがことば、されどことばである。

それではどんな発言がセクハラになるのかを概観してみよう。

セクハラに関わる発言の中には、どう見てもセクハラだと思われるようなレベルの発言と、これも危ないかもというレベルの発言がある。以下に列挙する。インターネットに挙げられていた例などを参考にして作成してみたものである。(9)

仕事を材料に職務関係上で断りにくいことを前提に交際、性的関係を強要する（対価型）。

セックスは職務上の義務だ。

つきあってくれないなら、勤務評価のほうは覚悟しておいてもらわないと。

職場でこのような発言をすれば、まずNGであろう。次のような対価型の発言も非常に問題である。

（二人で残業していて）この時間になったらもう男と女の関係だよ。

（取引先の女性に対して）ときどきつきあってもらえるなら、お宅の会社への発注を優先させますよ。

環境型の発言にもきわめて危ないものがある。聞き手自身に関してコメントするものを挙げておいたが、第三者に関するコメントでもセクハラになることはある。

女性に性的な関心を示す。

脚線がきれいだなあ。

今日はどんな下着かなあ?

女性の身体的特徴や容姿に対してのネガティブなコメント。

またダイエット後のリバウンドだね。

髪型だけは現代風だね。

化粧がケバすぎだよ。

女性の年齢に対するいやがらせ。

お肌は曲がり角をとっくに曲がったね。

何をいらついてるの? 更年期じゃない?

また、職場や酒席などで女性に猥褻《わいせつ》な話を聞かせるものもある(これも環境型)。

この間のアダルトビデオ、よかったよ。

例のファッション・マッサージ、値段の割にいいサービスだよ。

なお、インターネットにはもっと露骨な例も掲載されていたが、あえて紹介しなくともいいだろう。

より微妙な表現で警戒すべきものを挙げてみよう。善意のつもりで口にしたのに、図らずも聞き手に不快感をもたらす場合もある。相手を困惑させる意図がないのに困惑させたという意味では、「うっかり発言」に近い。

こうした発言はまさに状況次第、相手との関係次第で、絶対にタブーというわけではないが、善意で口にしてもセクハラと受け取られる可能性があることを念頭に置いておくべきであろう。見極めに自信がない場合には避けるに越したことはない。

たとえば、相手を褒めるにしても（心からそう思っても）、容姿に関してはとくに慎重であるべきである。いずれも性的な意味合いを暗示している感があるからである。

ほんとに君は美人だ。

手が細くて白いね。

とってもスタイルがいいね。

瞳《ひとみ》がうるんでるね。

服装や髪型も、⇓のような隠意の暗示ととられかねない。

服装がずいぶん華やかだね。　⇓　年に似合わず格好が派手だ。

すてきな髪型に変えたね。　⇓　僕の好みに合わせてくれたんだね。

仕事にかこつけて相手を誘う発言もまずい。対価的なニュアンスを暗示するととられる可能性がある。

今夜ちょっとつきあわない？　仕事の話もしたいし。

例の件、ここよりは外で相談しようよ。

もし、ほんとうに相手にデートを求めるのなら、仕事の話は抜きにすべきである。そうすれば相手も本心で受諾できるし、また断りもしやすい。[10]

「セクハラヤジ」事件

「セクハラヤジ」事件というものが話題になったことがあった。二〇一四年六月一八日、東京都議会で塩村文夏《しおむらあやか》議員（みんなの党）が子育て問題に関して発言中に、議場の男性議員から「早く結婚しろ」をはじめとしたヤジが飛んだというもので、自分が言ったと名乗り出た議員もあったが、全体の真相に関しては結局うやむやに終わってしまった。[11]

これは厳密には**ジェンダー・ハラスメント**（**gender harassment**）の事例とされる。[12] ジェンダー・ハラスメントはこのように、女性への伝統的なステレオタイプを押しつける内容で、「女は感情的」「女のくせに」といった発言のほか、女性にだけ特定の仕事（コピー取りとか掃除とか）をさせるといった行動面でのものも含まれる。

以下にジェンダー・ハラスメントの問題発言について述べていくが、これを含めてセクシュアル・ハラスメントを広く考える見方もある。右の（狭義の）セクハラ一般の根底にも性差別、性蔑視の考え方は存在しており、通底する面がある。なお、以下で「セクハラ」と略すものは狭義のセクシュアル・ハラスメントを指す。

さまざまなジェンダー・ハラスメント発言

それではジェンダー・ハラスメント発言にはどんなものがあるか。まず、女性の結婚を促すタイプが典型となる。

そろそろ結婚すべきだよ。

そんなふうではお嫁に行けないよ。

あんまりえり好みしてると、行き遅れるばかりだよ。

このほかに、「女らしさ」を押しつける次のような表現もハラスメントになる。

女らしさも大事だよ。

男より怖いね。

女はしゃしゃり出ないで！

女性の慎《つつ》ましさを欠いてるね。

なお、次のような男性に向けた発言も、場合によってはハラスメントになる可能性がある。

男らしくないぞ。

男のくせに女の腐ったやつみたいだな。

「結婚しろ」のヤジに関しては、この問題のすぐあと、国会でも女性議員に対して同様のヤジがあったとして問題になった。おそらく、地方議会などではこの手のヤジが従来から横行していたのに、やじられた側があえて事を荒立ててもしかたがないと諦《あきら》めていたものと推察できる。

都議会のヤジに関しては後日談がある。二〇一四年九月一六日に都議会の男女共同参画社会について議論する総会が超党派で行われた。総会後、会長である自民党の野島善司《のじまぜんじ》都議が報道機関の記者たちに、「女性と何人かで話をしていて『まだ結婚しないの』と言いますよ。平場《ひらば》で」と発言したという[13]。「平場」とはプライベートな場面のことだそうで、要は右のヤジは公の場では、まずかったということなのであろう。つまり、

この種の発言をハラスメントとするのは、公式の状況に限定されるべきだ。

というような推意、さらには、

なんでもハラスメントと騒ぐのはどうかと思う。

という隠意があると見なせよう。

これに対して当の塩村都議は、プライベートな場面でもハラスメントには違いないと反論したが、この点に関してはプライベートな場面なら許容されると考えた人もいたようである。ワイドショーでそうコメントした男性もいた。

筆者はこの種の発言内容がすべてアウトとは思わない。ごく親しい友人にプライベートな会話で結婚を勧める、ということであれば許容されると思う。その場合は少なくとも、言われた側が不快感を感じなければハラスメントとはならないし、不快感を感じればそう言ってそれ以上の発言を止めてもらうこともできるだろう。

しかしそれほど親しい関係でもないのに、いきなり誰かに「結婚しろよ」と言われた場合、不快感を感じたとしてもそれを表明できない可能性が大きい。上司が「温情的なつもり」でそう言ったような場合は、よけいそうである。これは完全にハラスメントになる。

これには「結婚しろ」と言われて、それを「ありがたい忠告」と受け取る者もいるに違いないと反論する人もいるだろう。しかし、ありがたいと受け取るかどうかは当人でなければ分からない。そう受け取らない人が多いということを念頭に置くべきであるし、「ありがたく受け取るべきだ」と言うのであれば独りよがりの善意の押しつけになる。

ということで「平場なら許される」というものではないであろう。「平場」発言の都議は、相手との関係がそういった「忠告」をできるほど親しいと誤認しているか、そんなに親しくなくともこうした忠告は相手のためになるから許されると誤認している。たぶん両方であろう。

さらに、前記の発言はよりにもよって「男女共同参画社会」の会合直後の、当の会の会長によるものである。当然公の立場での発言と受け取られる。したがって、

この種の発言をハラスメントとするのは、公式の状況に限定されるべきだ。

なんでも「セクハラ」と騒ぐのはどうかと思う。

という推意、隠意を「公式見解」として示そうとしていると受け取られてもしかたがない。単なる「うっかり発言」ではないと思われるのである。

セクシュアル・ハラスメントの実態

広義のセクシュアル・ハラスメントに関して日本での実態はどうか。少し前のことだが、名古屋市内の非管理職女性に対して一九九七年末に行われた調査では、性的発言や性的な誘い、接触などのセクハラ行為について過半数の女性が被害者経験があると答えていた。ジェンダー・ハラスメントの経験率はもっと高く八割を超していた。ただし不快感を比べた場合、ジェンダー・ハラスメントよりセクハラのほうが高い。また、いずれのハラスメントにせよ男女平等意識の高い人ほど不快感を持つ(14)。

そして、ハラスメントのために「仕事をやる気がなくなった」人が三割近く、このほか「職場での口数が減った」「出社拒否感情、遅刻や欠勤」などマイナスの影響が過半数の人に現れている。とくにセクハラでは影響が大きい。

また、セクシュアル・ハラスメントの生じやすさは、その組織内で訴え出ることのリスク、申し立てが真摯《しんし》に取り扱われるか、などの組織風土が影響しているという調査結果もある(15)。なお、セクハラの生じやすさとジェンダー・ハラスメントの生じやすさには関連があるのか。この点について小林は、両者の関連性はあまり高くないことを報告している。

恋愛関係?

ここからは狭義のセクハラを中心に考えていこう。セクハラ関連の発言に関しては、完全に

NGの発言は避ける、ボーダーラインの発言はよほど気をつけるということが重要なのだが、後者が許されるかどうかに関しては相手との関係も影響する。恋愛感情のあるような関係であれば、かなりの発言は相手も許容するだろう。しかしこうしたことを安易に期待しては危ない。

ことばの問題以外も含めて考えてみよう。一見うまくいっているようでも問題は生じうる。男性上司対女性部下、教師対学生といったような力の差がある状況においては、力のある側が恋愛と思っていたのに、あるとき相手が突然セクハラを申し立てることがある。それはときには裁判にまで発展する。(16)

部下の中井さんからセクハラを本格的に告発された課長の原岡さんの言い分は、次のようであった。

私には悪気は全くなかった。実際好意で中井さんを褒めたり、愛情の表現を示したのである。中井さんも多くの場合は少なくとも好意的な反応をしていた。もちろん、誘いに乗らなければ配置転換とか勤務評価を下げるとか、全く考えもしていなかった。中井さんは私にセクハラであると警告していたという。たしかにときに「セクハラになりますよ」とは言ったが、冗談めかしていた。私がそうした返事も愛情のお返しと考えたのにも、それなりの正当性があるのではないか。そこで私は中井さんとの関係を強めていったのだ。

しかし、これは残念ながら甘すぎる。そもそも原岡さんの好意的表現、愛情表現を中井さんが受け入れていたのなら、「セクハラ」というようなことは冗談めかしても言わなかったのではないか。

牟田は、セクハラがらみの「恋愛」の中には「妄想系」と「リアル系」があると述べている。[17]

妄想系は、男性側が一方的に相手も自分に好意を持っていると思い込んでしまう場合である。実際、女性は男性上司から何かことばをかけられた場合、あまり無愛想な反応はしないだろう。にっこり笑う、楽しそうに返事をするというのは普通のことである。しかし、別に相手が当の原岡さんだからとくにそのように応じているのではない。有り体にいってしまえば、よほど毛嫌いしているのでなければ、誰に対してでも同じように振る舞うのである。それを原岡さんは「自分に好意がある」と都合よく解釈してしまう。

上司が仕事に関して部下と二人で過ごす機会があるのは、当然のことである。そしてその流れで上司が飲食などに誘うような場合、部下としてはそう簡単には断れない。とくに急用でもない限りそれに応ずるということも多い。また、そうした席で仕事のことで部下が上司に相談をする、ついでにプライベートな悩みも話す、ということもあるかもしれない。ところが、中高年の男性上司の中には、それを相手の自分に対する恋愛感情であると勝手に解釈してしまう人がいるという。まさに自己視点によって他者視点を推測した（精神分析の言い方なら「投影」した）「妄想」なのだが、それが分からない。部下の側は隠意の形で遠回しに拒絶を暗示するのだが、上司はそれに気づかない。相手の手を握る、体に触れるというような行為から、そのうちはっきり断ってもしつこく交際を迫るようになり、ことばだけでなく行動もエスカレートする。ついには肉体関係を強要するような事態にまで及び、部下は公の場にセクハラを訴え出る事態に至る。ただ、「妄想」ではないからといって、安心はできない。

リアル系は、実際に女性のほうも恋愛感情があり、一時は良好な関係にあったものが、ある時期からセクハラの訴えへと移行するものである。人の好き嫌いとか、気持ちというのはそんなに一定したものではないし自分でもよく分からないことがある。ということで、うまくいっている時期は女性も「恋愛」と解釈していても、関係が破綻《はたん》してからはそれを「セクハラ」と再解釈することがあるという(18)。

たとえばこんな例を考えればいいだろう。尊敬する主任には日頃から期待されている、と感じている。ある日主任から仕事の打ち合わせを兼ねての食事に誘われ、話が弾んで楽しかった。そんなことを繰り返すうちにもっと深い関係になった。主任には家庭があることはもちろんよく分かっていた。ただ、自分が主任をほんとうに好きなのかどうかはよく分からないままであった。このように、相手に対しての感情が曖昧な状況では、自分が相手にどんな行動をしているか、それはどんな状況なのかということが、逆に自分の感情を推し量る手がかりになる。これは心理学では**自己知覚**という(19)。

主任からの誘いかけに応じて関係を持つようになったといっても、自分からも喜んでそうしたと思えばセクハラと感じないかもしれない。そこで、ある時期まで相手との関係が順調だったときはそれでよかったのだが、何かのきっかけで関係がこじれたりすると、「あのとき関係を受け入れたのは、そうしなければ仕事が不利になるという主任の圧力を感じたからだ」と過去の状況を見直し、「あれは強制で、自分はいやいや応じただけ。セクハラを受けたのだ」と本気で感じ、そのように関係部署に申し立てる可能性がある。このようにリアル系であっても、上司の側は不利な立場に置かれることに変わりはない。(20)

被害者は抗議しにくい

セクハラが高じて、いやがるのにあちこちに触る、抱きつきキスをする、さらにエスカレートするというような場合は論外である。これらの被害者になった場合は、職場でのしかるべき処分や、さらには法的な処置を求めるような方向へと相談するなど、相応の処置を行うべきである。中学、高校の教諭や大学の教授等のセクハラ行為についても、相当悪質なもの、犯罪行為のレベルと思われるものもある。(21)

一方、加害者側にセクハラの認識がなく内容も軽いものでは、被害者の指摘に応じて加害者側がすぐにそれを認識して謝罪し、今後繰り返さないことを表明、実行すれば問題は収まる。しかし、加害者がセクハラの認識がない場合、あるいはセクハラの可能性は非常に低いと解釈しているような場合（表5―1の左下側3、4、7、8、濃いグレー）は、それを穏便に済ませられればよいのだが、ことはそんなに簡単ではない。そんな場合は被害者は十分に不快感を感じているものの、そこまで極端な行為ではないことが多いために、かえってやっかいである。

ここでも加害者を課長の原岡さん、被害者を部下の中井さんとしておこう。

まず、被害者は「セクハラ」であると加害者に言明しにくい可能性がある。原岡さんが上司であれば、中井さんには、関係がまずくなったら職場で不利な立場に置かれるのでは、などという懸念が強いだろう。そしてその職場の雰囲気によっては、こんなことでセクハラと騒ぎ立てたら周囲から変に思われるのでは、というような気持ちになることもある。

関連してこんな実験がある。女性の参加者への個別面談で、男性の面談者が自分に対して性的な質問（例：仕事をするときにブラジャーを付けるのは重要だと思うか）を行うという場面を想定してもらい、どう反応するか予想を答えてもらった。参加者は三分の一近くが応答を拒絶すると答えたし、面談から立ち去るだろうと答えた参加者も一割弱存在した。ある程度の人たちが抵抗を示していることになる。

ところが、続いて行われたもう一つの実験を見ると、現実ではそうもいかないことが分かる。今度は別の女性参加者たちが、実験室で男性面談者から右のような性的な質問を実際に受けた。そのさい応答を拒絶したりその場から立ち去った参加者は皆無だった(22)。想像するのと現実に被害を受けるのとでは違うわけである。しかもこれはアメリカでの話である。日本人女性の場合、性的な言動への抵抗はもっと難しい可能性がある。

しかしセクハラと訴えなければ、原岡さんは中井さんの苦痛に気づかないままで、同様の言動を繰り返すだろうし、中井さんが受け入れていると思って内容をエスカレートする可能性がある。そんなときには中井さんは成り行き上、原岡さんの言動をある程度受け入れてしまったような形になっているので、ますます拒絶がしにくくなる。

被害者はどう対応するか

ということで中井さんとしては対応が難しい。あまり露骨な不快感は示しにくいだろう。最初は軽い、冗談っぽい感じでセクハラを訴えて、原岡さんの対応を見るのも一つの手であろう。口調も冗談めかして、

課長、ひょっとしてセクハラかも。奥様に告げ口しますよ！

などと言う。中井さんは、あたかも本気のセクハラの告発ではないように振る舞うわけである。つまり、「セクハラは冗談ですよ」ということを意図明示しているように見せかける。しかし真に暗示している情報意図は「セクハラですよ」ということである。中井さんとしては自分の顔も守ると同時に原岡さんの顔も守って、関係をうまく保とうとしているのである。それで原岡さんが中井さんの本心に気づいて行動を修正するなら、円満な関係のまま問題が終息する。

ただし中井さんがこのように告げても、原岡さんがその指摘を真に受けない可能性がある。都合よく、意図明示的な部分だけを真に受けてしまい、中井さんはセクハラを冗談にして楽しんでいると理解してしまう。この場合もセクハラ言動の繰り返しやエスカレートが懸念される。

ここで加害者がセクハラの訴えを真に受けにくい理由としては、加害者には被害者の視点が

取れないことが影響していると考える。このため、自分が楽しいのだから相手も喜んでいるだろうと考えたり（自己視点での他者視点の推測）、また自分の好意は相手も十分に理解しているだろうと考える（透明性錯覚）という罠《わな》に陥ってしまう。前述のように女性ははっきりと拒絶ができない傾向がある。相手が自分の体に触れるような場合でも、何も言えないことがある。[23]この場合も、相手は受け入れているのだろうと自己視点から解釈してしまう。

一方被害者側も、やはり他者視点を取りにくいので、自分の拒絶の意向が相手に分かってもらえるはずという期待に依存して、強い態度に出ないまま問題を悪化させてしまうということはありうる。もちろん、そのことで被害者も責められるべきという意味ではない。ただ、セクハラ被害にうまく対応するという点では、この点は知っておくべきであろう。

しかし原岡さんが指摘を真に受けない場合は、はっきりしたことばでセクハラの指摘をすべきと思う。自分では言いにくい場合、信頼できる上司からうまく言ってもらうという手もありうる。

とにかく手を打たないと、ずるずるとセクハラ言動が続くおそれがある。もちろん、明確なセクハラの指摘にも相手が応じないようであれば、これは別の上司などへの相談、さらには職場の担当部署への訴えなど強い措置に出ざるを得まい。

加害者とされたら

一方、加害者とされた側はどう対処すべきかも考えておこう。やはり、早い段階で対処するのが第一であろう。

そして、中井さんの、

部長、ひょっとしてセクハラかも。奥様に告げ口しますよ！

というような冗談めかした言動は、冗談と受け取ってはならない。中井さんが「セクハラ」と言ったとすれば、自分の行為は受け入れられないと思われていた可能性を考えるべきであろう。「セクハラかも」という言い方は、「いやです」「困ります」等よりは軽い響きで使いやすいからである。(24)

むしろ、冗談めかしたことばで原岡さんの顔を立てて拒絶してくれたことを奇貨として、セクハラ的な言動を改めるべきであろう。もちろん、相手が一瞬でも不快そうな表情や口調を示すようなことがあれば、それも見逃してはならない。そうすれば、ことば以上のレベルに行動がエスカレートして、本格的なセクハラ告発というような事態には陥らないで済むし、原岡さんは中井さんとそれなりに良好な関係が維持できるであろう。

こうした点について、とくに対価型のセクハラ加害者に陥りがちな職場での上位者は常に心に留めておくべきである。上司が思っている以上に、部下は上司の権力行使を恐れている可能性がある。上司としてはそのようなリスクを見込んで覚悟を決めておく必要がある。仮に一時期は合意が成立していた場合でも、である。そしてとくに不倫であるような場合は（筆者は決して不倫を推奨するわけではないが）、なおさらである。

なお、ことばのうえだけの「セクハラ」のような場合、「被害者」はセクハラと主張しても、先に述べた「平均的」女性がどう感ずるかという観点では、客観的に見てもセクハラには当たらないと感じられるものもありうる。そんな事例の場合、加害者とされた側は、公の場では「セクハラではない」と主張する必要があるだろう。これは自分の身を守るためにも当然である。ただ、当の相手との関係に限って考えるのであれば、仮に相手に対してそれに抗弁しても、申し立てている側の感情は収まらないだろう。この場合相手との関係の修復は難しいだろうが、この点はやむを得ないことと心得ておくべきであろう。

注５―１：この場合の「意図」というのは、発言や行為の結果として生ずるものだから、本書でいう効果意図である。それはことばによるセクハラであれば、単に一つの発言ではなく、発言の積み重ねによって生ずることが多い。そして個々の発言は意図明示であることも暗示であることもある。

（2）苦情からクレーマーへ

クレームの動向

理不尽とも思えるような要求を企業や役所などに突きつける、**クレーマー**と呼ばれる人たちがいる。しかし、購入した商品の調子が悪かった、役所がきちんと対応してくれなかったなどということは、日々経験する人も多いだろうし、そのためにちょっとした苦情を申し出る人も、別に珍しいわけではない。ただ、そうしたなんでもない苦情が時として「クレーマー」問題に発展してしまうこともある。ここからは、このような問題を考えていく（注5—2）。

なお、本節では商品や企業に対するクレームを中心に議論するが、役所の窓口、病院など他の場所でのクレームにもおおよそ適用可能である。

消費者からのクレームが多くなったのは一九九〇年代の後半からといわれる。一九八〇年代以降、国民生活センターに寄せられた消費相談件数は、二〇〇四年度まで増加し続けた。その後多少減少傾向にあるとはいえ、二〇一四年度でも架空請求を除いて九〇万件近くある[25]。一九八〇年代の五倍以上あり、少なくはない数字ではある。

どうしてクレームが増えたのか

クレームが増えた背景には何があるのか。池内の挙げる五項目に解説を加えてみよう。[26]

①**消費者の地位&権利意識の向上**：一九九五年に製造物責任（ＰＬ）法が施行、二〇〇四年に消費者基本法（旧消費者保護基本法）が改正され、さらに二〇〇九年に消費者庁が設置されるなど、消費者保護のための法や制度の整備が進み、消費者もこうした動きに啓発された。

②**企業への不信感の増大**：スーパー、メーカーなどで起きた食品の原産地の偽装表示、消費期限のごまかし等がしばしば報道された。しかもこの中には老舗《しにせ》や有名企業も含まれていた。

③**インターネットの普及**：関連情報の広い範囲の送受信が容易になり、消費者が素早く多くの情報に接する。自分が体験したクレーム内容を匿名で広く伝えることも容易になった。

④**フリーダイヤル化と携帯電話の普及**：その場でクレームを伝えやすくなった。

⑤**規範意識の低下に伴う苦情障壁の低下**：以前なら摩擦を起こさないという暗黙のルールを気遣い我慢したのに、最近は苦情を言う抵抗が少なくなった。

クレームの内容としては、モノ・サービスに関する（例：頼んだものと違うものが届いた）、接客に関する（対応がぶっきらぼうで感じが悪い）、情報に関する（商品の使用方法について聞いたが、社員が知らなかった）、金銭に関する（量の割に高い）、システムに関する（通信販売で一緒に注文したのに、なぜ、別々に送られてくるのか）、法律に関する（契約書と違う内容の商品であった）の六タイプがあるとされる。[27]

しかし、クレームの背景にこうした不満があるといっても、それを解消するだけが目的とは限らない。たしかに不満をぶちまければカタルシスを味わえる（気持ちがすっとする）ということはあるのだが、池内はそれ以外にも、公平性を回復させたいとか、自分の不安を解消させたいという動機づけもあると述べる。[28]

どんなとき、どんな人が

商品やサービスに不満を感じた場合、店や企業に直接クレームを向けるほか、前述したように国民生活センターなど公的機関に申し出る場合もあるが、それがすべてではない。周りにだけ言う、インターネットなどに投稿する場合もある。そして、不満を抱えたまま黙っているということも少なからずあるわけである。いや、そのようなケースがもっとも多いだろう。

ここで、クレームを申し入れるか否かには、いろいろな要素が関連している。過去の研究では次のような傾向が見られるという。[29]まず、その商品の市場として、競争がある市場よりも寡占市場のほうがクレームが生じやすい。競争市場では不満があれば別のブランドに切り替えられるが、寡占市場では切り替えできないからである、また、高価な品物、修理が困難な品物ほどクレームは多くなるが、これは当然のことだろう。そして、苦情対応に評判の高い企業に対してのほうがクレームは多い傾向がある。消費者が好意的な反応をしてもらえることを期待してのことと思われる。

消費者の個人的な特徴としては、高学歴、高所得、高社会階層にクレームが多く、また女性は男性よりもクレームが多いという指摘もある。

さらに、性格的には自己主張が強い、自信がある、独断主義的な傾向が強い人がクレームをしがちであるという（注5—3）。さらに、自尊感情が高い人や自分の情動を抑制できると感じている人のほうが、クレームを申し立てやすいことも示唆されている[30]。

「東芝クレーマー事件」

クレームを受けた会社や店などは、迅速かつ適切な対応が迫られる。申し立てた当の消費者からの信用を回復すること、問題をこじらせた結果ロコミやインターネットにより悪評が広まるのを防ぐことは最大限留意すべきであろう。ただ、もっと積極的な面として、企業が素早く、また金銭面等でちゃんと対応すれば、むしろ消費者からの評価が高まることがある。これをリカバリー・パラドックス（「回復」のパラドックス）という。企業はこうした効果も期待しているわけである。

しかし一方では深刻なクレーム問題が生じることもある。かなり以前だが、「東芝クレーマー事件」が話題になった。発端は一九九八年末のことである。東芝のビデオデッキを購入した男性（A氏とする）による、機器不具合をめぐるクレームの問題である。A氏は東芝の対応の問題点をホームページに掲載し、それが注目されて一ヵ月以内に二〇〇万を超えるアクセスがあった。東芝も反論の内容を同社のホームページに掲載した。

この事件の経緯について前屋が当事者双方にインタビューし、記録、分析した詳細な報告がある。[31] きわめて複雑な経過のうち、ここでは発生当初に重点を置き、ポイントだけを述べる。

発端はA氏が買った東芝のビデオ機器で従来の録画テープを再生したところ、画像に白いノイズが入ったことにある。このためA氏は修繕、もしくは初期不良としての機種交換を求めた。東芝の検査で、ノイズの原因は実は機器に問題があるのではなく、テープに規格外の周波数帯の部分が録画されていたことが判明した。しかし東芝側は男性の機器を特別にレベルアップするように改修して、当のテープのノイズが目立たないようにした。

これならA氏にとってむしろ望ましい結果であったはずが、そうはならなかった。ボタンの掛け違いは最初から生じていたのである。

まず、最初にA氏が修理について問い合わせた相談室窓口の担当者が、製品知識が乏しく、どの機種でもノイズが入るのは当然であるような誤ったコメントをした。

次に、A氏のところを訪ねた別の担当者は、会社から持参したテープはA氏のデッキでも問題なく再生されるため、その場でノイズの原因はデッキではなくA氏のテープにあると判断し、A氏のテープのみを持ち帰った。しかしその点の説明がなかったため、A氏はテープの問題とは明確に認識していなかった（それにA氏は、担当者持参のテープは画面が揺れていたので、ノイズの判別はできなかったと思っていた）。

その後、A氏が東芝の担当工場に状況を確認したが、これがあらかじめ東芝が所要期間として知らせていた一週間より早く行われた。したがって工場側は未着手であったのだが、そうとは明確に告げずに「分からない」との回答しかしなかった。このためA氏は他の部署へも問い合わせる。これが東芝からは異常な督促と受け取られる。この辺からいろいろなやりとりがスムーズにいかなくなる。A氏は不満が募り、苦情内容とデッキを東芝社長宛てに送付した。A氏としては「（組織の）下に話しても、ズルをした人が、そこで握りつぶすだけだと思った」からであり、「早急に原因を判断してほしかった」ためだったというが、東芝側は完全に異常な行動と受け取った[32]。

さらに、機器の改修後の東芝の説明が不適切だったため（これは東芝も認める）、A氏は当人に無断で機器のグレードを落とすように改修されたと誤解した。

その後も問い合わせ、苦情のさまざまな行き違いがあり、A氏は完全に「クレーマー」と見なされるようになる。そしてある日、彼の問い合わせの電話が、総会屋対策等を担当する「渉外監理室」の男性担当者に回され、そこでその担当者から「ヘビークレーマー」だ、たびたび電話するのは「業務妨害だ」等の「暴言」を受けることになった[33]。そこでA氏はこの電話音声をまずはNiftyのフォーラムに公開、さらに後日問題を告発するホームページを開設して、そこでも公開した。

これには一般からの反響も大きかったため、東芝も自らのホームページで、「一方的なインターネットによる情報に基づき、当社サービスの一般的対応につきまして、多くのお客さまが誤解や疑念をお持ちになる事態を避けますため[34]」説明を行うとして、東芝の立場から事件の経緯を報告するに至る。しかし前屋はこの説明は内容的に、デッキ改修の経緯などA氏の説明とは食い違うものであるとしている。

最終的には副社長がA氏に面会して暴言については詫びたが、ホームページの修正には応じなかった。そして双方の主張の溝は最後まで埋まらなかった。前屋が取材した時点でも、A氏と東芝の見解は食い違ったままであった。

以上から、筆者は双方に次のような問題を感じる。まず、A氏にも思い込みがある。また、問い合わせの電話が期日より早かったり、問い合わせや苦情の回数が多い。とくにデッキを社長宅に送るような行動は、本人の真意はともかく誤解を招くことは間違いない。さらにA氏自身、ホームページへの掲載が大騒ぎを引き起こす可能性はあまり認識していなかったようである。東芝や以前からの Nifty のメンバーが見るだけだろう、自分に見える範囲にしか知られないだろうというA氏の「マジックミラー錯覚」があったのかもしれない。

しかし東芝側も、前述のように改修についての説明などが不十分であったし、A氏を早期から異様なクレーマーと思い込んで対応し、とくに渉外監理室の担当者が十分な情報もないままA氏を完全にクレーマーと決めつけ強い対応をしたことなど、問題がある。また、東芝側からA氏に電話してもいつでも留守電であったとするが、これはA氏が会社勤務であるという事情を考えればやむを得ないであろう。企業の顧客対策という意味ではより慎重であるべきだった。

極端なクレーマー

前屋の分析に従えば、東芝クレーマー事件のA氏はそれほど悪意を持って意図明示的に東芝を攻撃、非難をしたようには見えない。それにもかかわらず、彼がクレーマーと見なされてしまった背景には、実際に悪質なクレーマーが存在するという現状がある。

不当なクレーマーかどうかを見極める基準として池内は次のようなものを挙げる。

①回数の多さ、および過去の履歴内容から。
②不当な金銭要求（誠意を示せ）、過大な物品要求、無理難題などの要求の有無。
③因果関係が明らかか否か（いちゃもんかどうか）。
④不当な方法（恐喝、暴力、脅迫、監禁等）であるか。
⑤業務妨害（長時間、多頻度）に抵触するか。

「これらが一つでも該当すればクレーマー」というわけである。(35)

具体的な例を示してみよう。関根が報告している中には次のものがある。(36)

・一〇年前に買ったブラウスに穴が空いたからと、交換を要求した。
・ネックレスのチェーンが壊れた、修理後今日中に質入れをしなければいけないとタクシー代、さらにはその後の市内宿泊のためのホテル代を請求した。
・購入したボタンの数が足りないとクレームをつけ、謝罪に来た担当者を三時間も「説教」し、午前零時まで帰宅を許さなかった。事実は店員と客の解釈の違いで、数え間違いとはいえなかった。

・ブランドものの一五〇〇〇円の靴下にすぐに穴が空いたと主張。それ自体あり得ないことなのだが、その埋め合わせとして、今度は同じものを一〇〇〇〇円で売れと要求した。

このほか、担当者を自宅に呼びつけて、自分は着席したうえで長時間立たせたまま応対させるクレーマーもいる。担当者を「説教」する客の中には、自分がかつて企業でいかにきちんと顧客対応をしたかを自慢する人もいるという。

また、小田は役所へのクレーマーの例を取り上げているが、それにもさまざまな場合がある。(37) 恫喝《どうかつ》する、交通費や高額の金銭を要求するなどのほか、苦情を言っているうちに怒ったり泣き出したり「死にたい」と口走るなど話が支離滅裂になる例、また「税金が高い」などストレス発散としか思えないような例もある。法律を変えろというような無茶を言ったり、市長を出せ、ネットで公開するというような脅しを交える場合もあるという。

クレームへの対策

それでは、クレーマーにはどのように対応したらよいのだろうか。第一に通常の苦情が極端なものへと進展しないための予防策が必要である。対応するさいに、第2章で述べた不適切な言語表現、不快にさせる表現がNGであるのは、いうまでもないだろう。抗議をしている側の気持ちを逆なでにして問題をこじらせかねない。

それに加えて、接客場面ではとくに注意すべきこともある。関根は自身の接客経験に基づき「してはならない」注意事項を挙げている。[38] そのいくつかを示し、筆者の解釈も加えよう。

①「そうは言いますが」「そんなことはないでしょう」と否定する。

客の申し出に否定的に接することは、客の顔を潰すことにもなりかねない。明らかに客が間違っていても、ひとまずは、たとえば「ああなるほど、そういうふうにお考えなのですね」のように肯定的に受けておいて、「当方としては……」と自分の立場を説明する。

②「それはですね」「はい、はい」という言葉のクセがある。

関根はこのような口癖がある人がいるという。話し手の情報意図はともかく、聞き手の客の側は、自分を否定することを暗示しているととる。暗示だけにかえって間接的批判として皮肉っぽく感じて、不快感を持つ可能性がある。

③「そんなことを言うのはあなただけ」「それだけのことで」と責める。

これも客が言うことを否定するだけでなく、店側が客をクレーマーのようだと思っているという暗示を感じさせ、もともと持っていた不満を増幅させることになる。

以上、不満を持っている客に対しては、それが間違いであるような決めつけはタブーである。

④「担当者が……」「部下が……」と責任転嫁する。

応対した者の責任ではないことが事実であっても、客に比べれば会社側はこの問題に関する関与権限（第1章参照）は大きい。それに客にとっては誰が担当者であろうと、それはあずかり知らぬこと。会社全体が責任逃れをしているような感じになり、印象は悪くなる。

悪意のあるクレーマーには

次に、はじめから悪意のあるクレーマーにはどう対応するか。関根はたとえば以下を指摘している[39]。

①どんなに絡まれてもできないことは「できません」と言い、安易に妥協しない。

相手の強硬さに押されて、補償金額を途中で引き上げたりしない。前掲の例でも、一〇年前のブラウス、ブランド靴下のケースなどでは、要求には応じなかったという。

②持久戦になっても筋を曲げないで、気長に待つ。

③相手を怒らせないように慎重に言葉を選んで話す。

これは一般の苦情対応でも重要だが、とくに慎重にすべきという意味である。

④（客の）大事にしたいところを常に見抜く。

クレーマーの愛娘《まなむすめ》の好みを予想して、お詫びの菓子を選んで持って行った例が紹介されている。

⑤知識豊富なクレーマーは、事前にも同じことを行い、学習しているので要注意。

⑥（客の）情報等は正確に確認しておかないと、対面時の印象が変わり、対応に影響を及ぼす

ことがある。

小田の役所の窓口での対応経験に基づいた指摘も参考になる。いくつか整理してみよう。[40]

①まずは相手によい感じを与えて、ことが重大にならないようにする。つまり、表情、服装やことばづかいに気を配り、相手に好ましい第一印象を与える。

②わざわざ来庁してもらったことなど、感謝の意を表したり、謝罪できる部分は謝罪して印象をよくする。

③「上司を出せ」に対しては、上司に（状況を十分に説明したうえで）対応してもらえば効果的なこともある。

④だめなことはだめとはっきりさせる。「法律を変えろ」「市長を出せ」のような無理な要求はきちんと理由や対策を告げて対応する。たとえば、「これは自分の責任である、自分からきちんと上司等には説明する」と告げる。金銭の強要に関してはきっぱりと断る。

⑤相手がインターネットで公表すると脅す場合は、法的な問題が生じうることを告げる。

⑥暴れる、さらには刃物をちらつかせるというような明らかな違法行為は、警察への通報を行う。そのためにあらかじめ連絡体制を準備しておく必要もある。

「クレーマー」と見られないために

最後に、クレームをしたくなった客の立場で考えてみよう。当初強硬なクレームを意図しなかった人が、企業からは異様なクレーマーと見なされ、その後の対応がこじれてしまう。これは東芝クレーマー事件でも明らかなように、クレームを申し立てた側にとっても不幸なことである。仮に企業から露骨にクレーマー扱いされなくとも、自分がクレーマーと見られているかも、と感じれば愉快ではあるまい。客が企業に何らかの不満を持ち、補償とか改善とかを求めるときにどんな点に留意すべきか。いくつか挙げておく。

①事実関係は正確に呈示する。話が込み入ってきたり相手とのやりとりの中で感情的になったりすると、うまく説明できなくなって間違ったことを言ったり、前後で食い違いが生じるおそれがある。間違ったことを言えば、相手は不信感を募らせる。それを避けるため、あらかじめ発生時期、場所、問題点、対応してほしい内容など整理してメモしておき、それに基づいて話す。

②この①に関連して、問題点を不必要に膨らませたり、事実を誇張したりしない。これも相手の信用を落とす。

③回答に時間がかかるというときには、いつ返事をしてもらえるかを確認しておく。その期日よりも早く問い合わせや督促をしない。

④対応してほしい人をこちらから要求するとすれば、あくまでも事情が分かっており、責任のある現場の担当者に対して説明や応対を求める場合に限る。埒《らち》が明かないときには、その上級者に対応を求めるのはいいが、本気でなくとも「社長を出せ」とか「会長に言うぞ」とか言う

のは明らかにまずい。
⑤相手の説明もきちんと聞く。相手の説明を聞かずに苦情ばかりを言い続ければ、相手もきちんと対応しなくなるおそれがある。
⑥透明性錯覚を避けるべきである。また、相手の説明を聞いたら、相手の立場ではどんなふうに状況を捉えていたか、自分は分かっていても相手には分かっていなかったことはないかを立ち止まって考えてみるとよい。誰かに苦情内容を事前に聞いてもらい、どう思うか確認してみるのも一つの手である。
⑦はじめから、企業全体の体質が問題であるような言い方、自分ならもっとうまく社員を教育するというような言い方はしない。もちろん、企業側には全体としての管理責任はあるのだが、企業のあり方に疑義を呈するような言い方をされるとどうしても防衛的になる。
⑧インターネット環境でのマジックミラー錯覚に注意すべきである。ツイッターなどに問題を掲載すれば、予想以上に多くの人に注目されてしまう。問題が解決しないときの正当な告発であれば、こうした行為は一概に否定はできないだろう。しかし「告発者」としての責任も負うことになること、そして事実を誇張するなど不適切な掲載のしかたをすると法的な問題に発展しうることも、承知しておく必要があると思う。

注５—２：池内は、「苦情」は商品やサービスなどに対する不満表明、「クレーム」はそれに基づ

く具体的な要求を指すように使い分けられることがあると論じているが[41]、ここでは「クレーム」で統一する。

注5―3：独断主義（dogmatism）は教条主義とも訳される。独断的、閉鎖的な思考法で、権威とか既存の価値観などに囚われ、新しい考え方を取り入れられない。

第6章　嘘をつく――看破の手がかりは？

あいつ絶対に嘘を言ってたよ。あんまりこっちを見ようとしなかったし、たまに顔を向けたときの顔つきでも分かったよ。間違いなく嘘を言ってたな。

本章では嘘の問題を扱う。まず、嘘とは何なのかということを論じていく。なぜ嘘をつくのだろうか。嘘の動機について、悪意のない嘘も含めて説明する。嘘と類似する諸概念について、意図との関連も絡めて考えていく。

（1）欺瞞とは何か

嘘は誰もがつくもの

「嘘をつくのはよくないよ」と子どもは親から諭される。読者も幼いころにそうした経験があると思うし、また、お子さんやお孫さんをそのように諭した方も多いと思う。

しかし、我が身を振り返った場合、嘘をついたことがないという人はいないだろう。実際、ある性格検査では、「私は決して嘘をつかない」といった意味の項目を、性格検査全体への回答者の答えが信用できるかどうかを測る一つの目安としている。つまり、この項目に「はい」（いつもほんとうのことを話す）と答えた人は、それ自体が虚偽である可能性があるので、ほかの項目にも自分をよく見せようと答えているのではないか、そこで検査自体の妥当性が疑われるというわけである。

嘘は誰でもつくものであるし、またつかれるものである。どれくらいの頻度であろうか。あるアメリカの研究者グループは、調査参加者に日記をつけて自分がついた嘘を記録してもらうという方法で、嘘の頻度を研究した(1)。それによれば、人は平均すると四時間に一回嘘をつく。また、三四％の相手に対して嘘をついている。かなり高頻度である。

嘘の定義

しかし、そもそもどういうコミュニケーションが「嘘」なのだろうか。「嘘」や「欺瞞《ぎまん》」の定義にはさまざまなものがある。**欺瞞**の定義の一つは、ザッカーマンが示している「欺瞞者が偽りと考えている信念や理解を他者に生み出そうという意図のある行為(2)」というものである。

この定義には、話し手が伝達したい内容が偽りであることを信じている、話し手が騙す意図を有している、という二つの要素が含まれている。たとえば、「a：中国産の野菜を（日本で）業者（話し手）がそれと知っていながらわざと『国産』と表示する」のは、右の定義に適《かな》う。これは明白な欺瞞に違いない。しかし、「b：業者がほんとうに国産だと思い込んでそのように表示した場合」はどうだろうか。また「c：業者が中国産だとは知っていたが、うっかり『国産』とラベルを貼り間違えた場合」はどうか。bやcは先の定義では欺瞞ではない。bは送り手が内容が偽りであると信じていないし、cでは騙す意図がない。一方、「d：業者が実際に国産であるのに中国産と思い込んでいて『国産』と表示した場合」は、欺瞞ということになる（この場合、実際には真実が伝わっているのだから、「欺瞞の空回り」である）。

ただ、bの場合にもある程度「嘘っぽさ」を感じるという人もいるかもしれない。欺瞞かそうでないかの間には、くっきりと線が引けないことがある[3]（注6―1）。

なお、以上で「欺瞞」としたのは、「嘘」よりは幅広い内容を指す対象を考えている。嘘の場合は言語的行為のみを指すが、欺瞞の場合は非言語的な行為、たとえば偽りのジェスチャーをしたり、偽りの表情で気持ちを示したりするようなものも含む[4]。

ただし、口頭で表明した内容が嘘である場合にも、当然非言語的なチャネルが伴い、それらが嘘をめぐるコミュニケーションにさまざまな影響をもたらす。たとえばポーカーフェイスで嘘が暴かれないようにするということもあるし、ことばとは裏腹に不自然な表情になって、嘘が疑われるということもある。本書の「嘘」には非言語的な「欺瞞」も含むこととしたうえで、以下では「嘘」という用語を主に用いる。

嘘の諸動機

アメリカでの調査では嘘の頻度がかなり高かった。そんなに嘘をついているかなあ、日本人は違うんじゃないかと思った人もいるかもしれない。そういう人は、話し手の利益のために、聞き手や第三者に害を与えるという性質のものを嘘として思い浮かべた可能性がある。嘘によって他人に迷惑をかけ、被害を及ぼすではないか。しかし、改めて考えれば、嘘にもいろいろなタイプがある。

嘘の動機もいろいろである。たとえば、a：自分が利益を求めるための利己的な嘘、のほか、b：相手に理解して守ってもらいたいという受容を求める嘘、c：意思などが対立するので、それを逃れるための葛藤回避の嘘、そしてd：他者を守るための利他的で思いやりある嘘、に分けることができるとされる(5)。

また、以上と部分的に重なるが、相手や自分の顔を潰さないための嘘がある。まず、相手の顔を守りうまく関係を維持するための、ポライトネスに基づくものもある。次項で述べる善意の嘘の多くが該当する。

話し手自身の顔ということに関して言えば、自分を実際以上によく見せたり、悪いところを取り繕ったりというような、自尊心を維持し、ある面虚栄的な嘘もある。さらには、自分のプライバシーを侵害されないための嘘というものも考えられる。たとえば、同性の友達に対して、実際はデートのために一緒に食事ができないのを、「会社に用がある」と言うような類《たぐ》いである。

善意の嘘

善意の嘘について少し詳しく考えてみよう。利他的に嘘をつくという場合は結構多い。相手が病気でやつれて見える。だけどそんなことを言うと落ち込むだろうと、

病気だって言うけど、見た感じそんなに変わらないよ。

と言ってあげる。

テレビのコマーシャルで、「夫が『猫を拾ってきた』と言ったが、妻は『拾ってきた』とは落ち込んでいる自分を元気づけるための嘘だろう、ほんとうはペットショップで買ってきたのだろうと見抜いた」というものがあった。これも、善意の嘘であることはいうまでもない。

嘘が第三者の利益になると考えるという場合もある。たとえば高校生が教師から、友人が喫煙しているのを見なかったかと聞かれて見なかったと嘘をつく。友人のための嘘である。

自分が落ち込んでいるのを相手が心配してくれている。そんなときに相手に余分な迷惑をかけないように、実際はまだ落ち込んでいるのに、

だいじょうぶですよ。

と言う。相手に害を与えないという意味では利他的とも言えるし、また、自尊心を保つという側面もある。

友人自身はしゃれたつもりの服装だがあまりにも珍妙である。しかし、

とても似合っているよ。

と褒める。これは「相手のため」とまでは言えないとしても、ほんとうのことを言えば角が立つから、対人関係を配慮して嘘を言うわけである。いわば葛藤回避もしくはポライトネスのための嘘である(6)。

冒頭で嘘がありふれていると述べたが、その中には、もちろんこうした善意の嘘や自分のためではない嘘もかなり多く含まれている。

嘘と迷惑

「利己的嘘＝他者に迷惑」「利他的嘘＝他者に迷惑をかけない」という構図も、考えてみればそう単純ではない。

利己的な嘘のうち、お金をだまし取る詐欺とか、就職面接で経歴を偽るというような類いは明らかに他人に迷惑をかける。しかし、子どもが親に勉強をしたと嘘をつくようなものは、まあ親に迷惑をかけていると言えないこともないが、結局損をするとすれば本人である。

自尊心を維持するために、自分の能力などに関して実際よりも「優れている」と言う場合の

ように、虚栄心のための嘘は他者には被害は及ばない。それに露見しやすい。そのさいに損をするのは当人である。

一方利他的な嘘だからといって、ほんとうによい結果をもたらすかどうかはまた別問題である。たとえばがん患者に医師が別の病名だと偽るのは（以前はそういうことが普通だった）、患者にショックを与えないという意味では思いやりかもしれないが、本人が自分で治療方針を選べなくなってしまえば不利益である。

友人の珍妙な服装を褒めていたら、友人は変なふうに自分のセンスに自信を持ってその気になってしまい、結局はあちこちで恥をかくかもしれない。実際世の中には、そんなことがあったのではないかと思わせるような服装をした人がいる。

それに話し手のほうは善意の嘘のつもりでも、それは客観的に見れば「善意」とはいえないこともある。[7]夫が浮気相手がいることを妻に隠すために「業務で出張が多い」と嘘を言っていた。夫の言い分では、この不倫は近々解消するつもりであって、妻に余分なショックを与えないためだった、と言うのだが、この「利他性」はまず額面通り受け取れまい。

嘘と関連する概念

ここで、先行研究の議論も参考にして、嘘に近いいくつかの言語行動を整理しておく。具体的には、誤誘導、隠蔽、誤りの非訂正、そして冗談を取り上げてみる[8]（注6―2）。

誤誘導：誤誘導は嘘とは言いにくいが、相手に誤解を与えるものの一つである。たとえば息子が母親に、「大学のゼミの関係で一万円いるんだよ」と言う。母親はゼミの参考書代等に必要なのだと推測するが、実際はゼミの友人との私的な飲み会の費用のためであった。

つまり誤誘導とは、話し手が明確に事実と異なることを言明するのではなく、言明から聞き手が推測した内容が事実とは異なる場合である。そのなかでも、聞き手が誤った推測をするという点では共通するものの、意図に関していくつかのケースが想定できる。

まず、話し手である息子の側に母親に対して「ゼミの参考書等にお金がいる」という推測をさせたい（情報意図がある）場合。そのさい、それを知らせようとしていることを知らせたいという伝達意図を有している場合（推意の意図明示）も、有していない場合（隠意の暗示）もある。後者の場合、あとで母親に嘘を言っただろうと詰問されたときに、嘘を言うつもりはなかったと情報意図をも否定することが多いだろう。いずれにせよ、これらのケースでは相手に与える影響は欺瞞と変わらない。

ただし、話し手が「ゼミの参考書等にお金がいる」などと伝えるつもりがなかった（情報意図なし）のに、聞き手である母親が一方的に間違って推測する場合もあり得ないことはない（深読み）。こちらは欺瞞からは少し離れる。しかしこの場合も、息子はその辺の事情について詳細を言わないことで、無意識的にせよ深読みを期待していたということもありうる。

悪質な商法などにも誤誘導は用いられる。消火器の販売で「消防署のほうから来ました」と言って、消防署員だと思わせるのは、その一例である。

隠蔽：嘘に近いもう一つの概念に隠蔽がある。事実を相手に意図的に伝えないことであるが、これにはいくつかのタイプがある。自分はある事実を知っているが相手は知らないようだ。相手もそれを知りたいのに自分は知らせたくない。そして、これら二つの前提のうえで、次のような行動のいずれかをとる。

①相手に知らせる義務がないので、口にしない。

②相手に知らせる義務（社会的役割や道義的責任）があるのに、口にしない。

③相手から実際に尋ねられているのに、答えない。

①、②、③の順に隠蔽の欺瞞性が強くなるといえよう。

③はさらに、対応のしかたとして、a：回答を明確に拒絶する場合、

妻：遅かったね。今日も急に何か残業が入ったの？

夫：そんなこと、いちいち君に報告しなくたっていいだろう。

のほか、b：話題をそらす場合、

妻：遅かったね。今日も急に何か残業が入ったの？

夫：ああ、それよりお風呂はできてる？

そしてc：全体の一部しか答えず重要な情報を隠す、といった場合がありうる。

妻：遅かったね。今日も急に何か残業が入ったの？

夫：うん、書類の処理に手間取ってね。

実際は残業は三〇分だけで、そのあと妻には答えたくないところへ行っていた。とすると、妻にとってはそちらのほうが重要な情報だが、夫はそれを隠蔽したことになる。夫は「残業以外の余分なことはしていない」という虚偽の推測を生じさせようとしている。

隠蔽は事実と反することは言わないが、欺瞞性が感じられる。③cの場合は、誤誘導（とくに暗示）と相通じることもお分かりだろう。

誤りの非訂正：間違ったことを言って、あとで誤りと気がついても訂正しないままにしておくという場合がある。そういうときは、口にする時点でも確信があったわけではなくほんとうかどうか怪しいと思っていて、実際には間違っていたということもしばしばある。このような誤りの非訂正は誤りと欺瞞の中間と考えられる。

以上、誤誘導、隠蔽、誤りの非訂正は事実でないことは口にしていないが、程度の差こそあれ欺瞞性を含むものである。その意味では嘘の一類型と考えることもできる。

冗談：冗談も事実ではないことを口にする例が多いが、以上とは異なり欺瞞性はない。ただし、この場合は話し手は聞き手に内容が事実でないことを分からせる意図（情報意図）がある。この点で多くの逆転型皮肉や遊びとしての対立と同様である。聞き手が内容を真に受けてしまっては、冗談は成功しない。したがって冗談は嘘とは性質が異なることは明らかであろう。

表６―１　欺瞞に関連する諸概念

		真の事態	Ｓの認識する事態	見せかけの事態	Ｌに認識させたい事態	意図明示的伝達	Ｌの推測
嘘（成功）	a	P	P	Q	Q	多くは該当	Q
嘘（失敗：空回り）	b	P	Q	P	P	多くは該当	P
嘘（失敗：Ｌの見破り）	c	P	P	Q	Q	多くは該当	P
誤誘導（成功）	d	P	P	P	P⇒Q	該当 or 非該当	P⇒Q
隠蔽（成功）	e	P	P	―	―	非該当	
隠蔽（失敗：Ｌの見破り）	f	P	P	―	―	非該当	P
深読まれ	g	―	―	―	―	非該当	Q
冗談	h	P	P	Q	P	多くは該当	P
正情報伝達	i	P	P	P	P	多くは該当	P
誤情報伝達	j	P	Q	Q	Q	多くは該当	Q
誤解	k	P	P	P	P	多くは該当	Q

Ｓ：話し手，Ｌ：聞き手
グレー部分：話し手の意図した結果とならなかった場合

欺瞞における意図

　ここでは、嘘やそれに類するコミュニケーションにはどんな性質があるかを、話し手の事態の認識のしかたや意図の観点からも整理していく（表６―１）。ある事態（事実、考え、評価その他）をＰで表す（―は事態が存在しない場合である）。一方、そのことに対する話し手の認識、また発話の意図がどのようであったかも考える。それらをＰまたはＱで表す。Ｐの場合は事態と認識が一致、すなわち真であることを示し、Ｑの場合は偽であることになる。また、話し手が聞き手に事態をどのように分からせたいかをＰ、Ｑで表し、またそれは意図明示的かどうかも示す。さらに聞き手が発話から推測した事態の様相もＰ、Ｑで表してみる。

典型的な嘘の場合は、話し手が認識する事態（P）をそうでないように見せかけて（Q）伝える。もちろんそれが聞き手に認識させたい内容（Q）である。すなわちQという情報意図を有することになる。これが「騙す意図」を有することにつながる。そして、聞き手に対してQと伝えようとしていることを認識させようとしている、すなわち伝達意図も有している場合が普通であろう。つまり多くの嘘は意図明示的である（表6―1：a）。

誤誘導では、Pという事態に見せかけながら、Qという別の事実ではない推測を引き起こさせようと誘導している。Pについては意図明示的伝達である。しかしQという推測に関しては、情報意図はあるが伝達意図がなく、話し手は「そんなことを伝えるつもりはなかった」と責任を逃れようとすることもある（暗示）。

隠蔽は、話し手が認識している事態（P）を言明しないようにする（－）場合であり、Pに関しては当然意図明示的伝達とはいえない（e）。

また、隠蔽においては通常は、隠蔽をしようとする意図自体も隠蔽される。つまり一八一ページの③a、③bでは隠蔽自体が意図的であることが明白になるが、①、②や③cでは隠蔽しようという意図も隠されることに注意されたい。

なお、話し手に偏見があったり話し手の記憶が曖昧だったりするため、事実とは違うことを口にしているうちに、自身の事態の認知が歪んでいく場合もある（こうした点は次章でも触れる）。こんなときは嘘と誤情報伝達の境界が曖昧である。

聞き手がどう判断するか

表6—1の最後の列に、以上のさまざまなタイプのコミュニケーションを、聞き手がどう推測したかを示す。話し手にとっての欺瞞の成功は、話し手の意図と聞き手の推測が一致することによって決まる（ともにQになる）。嘘や隠蔽が看破された場合は話し手としては成功しなかったことになる（b、f）。（誤った）深読まれは話し手がPという事態を意図明示的に伝えようとしているのに、聞き手がQという推測を一方的に行う場合である（g）。聞き手の推測がPで示してあるところは、話し手の意図はともかくとして聞き手が事態を正しく推測した場合である。

これらと正情報伝達、誤情報伝達、そして誤解はどこが異なるかも表に示した。正情報伝達は、真の事態Pを話し手が正しくPと認識してPとして伝える。これを聞き手も正しくPと推測する（i）。誤情報伝達は、話し手が事態PをQと認識する。その後の過程は、すべてQとなる以外は正情報伝達と同じである（j）。一方誤解は、聞き手がQと推測するという点だけ正情報伝達とは異なっている（k）。

ところで聞き手が嘘だと疑ったり見破ったりしても、それを直接話し手に告げることは多くないだろう。まず、話し手の言うことが嘘だという疑いが聞き手の側で相当強くなければ、疑いを口にしにくい。

それに、嘘だと指摘すること自体が聞き手にとって利益にならないことも多い。たとえば、話し手が自尊心を高揚する目的で嘘を言う場合、聞き手には直接の被害もないうえに、それを嘘だと告発すれば、話し手の顔が潰れることになる。そこで嘘をつかれたと思っても知らないことにしておく。実際に嘘を言った側も気づかれたように思ってもそれを無視する。つまり、互いに嘘に関して意図明示も暗示もしない。このような相互依存の偽装関係はごく普通に見られる。

聞き手が嘘であると疑って指摘する傾向が強いのは、むしろ当の聞き手のための嘘の場合であることに注意されたい。この場合は聞き手の顔を潰すことにならないことが多いからである。体調が悪そうな寺田さんのことを上山さんが心配する。寺田さんが「何ともありません」と言うのに対して、上山さんが、

嘘を言っちゃだめですよ、何ともないことはないでしょう。

という指摘は、むしろ「欺瞞者」寺田さんのためのものである。

ジュンコさんがシュンスケ君の作った料理に関して、「とてもおいしいね」と褒めたときに、シュンスケ君が、

お世辞だろう?

と言うのも、やはりジュンコさんが聞き手であるシュンスケ君のためを思った発言を、シュンスケ君自身は嘘と疑ってみせている。

なお、このお世辞というものに関しては面白い性質がある。シュンスケ君が「お世辞だろう？」と疑ってみせても、ジュンコさんはその疑いを否定して「ほんとうにおいしいよ」と本心の褒めであると主張しなければ、お世辞として成立しない。一方で、シュンスケ君の側はジュンコさんのこのお世辞を否定する主張に対して「ああ、そう」と同意したら、ジュンコさんのコメントはお世辞とは見なされなくなる。お世辞を成立させるためには「いやあ、お世辞に決まってるよ」などと言う必要がある。(9) つまり言った側と言われた側がその真意について不一致であることを意図明示的にしなければならない。しかもこれは両者の内心を反映したものとは限らない。ジュンコさんがシュンスケ君を本気で褒めている場合もあるが、本気でない場合もある。シュンスケ君はジュンコさんの褒めを本気と思っている場合もあるが、本気と思っていない場合もある。そして両者の内心の思いは一致しているとは限らない（注６―３）。

インターネットの特徴

現代社会ではインターネット上、メール、ブログ、ツイッター、ＬＩＮＥなどでの嘘もいろいろ問題になる。ここで、その特徴について触れておこう。インターネットでは対面状況など日常とは異なった嘘が現れる。

その話に入るために、まずはインターネット・コミュニケーションの特徴を整理しておこう。三浦は視覚的匿名性、タイプされた文字、同期性のさまざまな程度、情報の付加という四つの特徴を指摘している。[10] これらとも関連するが、発信の即時性・一斉性や新しい自分を表出できるというのもインターネットならではである。三浦の議論を参考にして整理してみる。

視覚的匿名性：これは、インターネットでの通信の多くは、相手を見ないで行われるということである。したがって、対面コミュニケーションのような非言語的なチャネルは使用できない。相手の表情や身振り、そして口調などは分からない。

相手が見えないから、メールや一部のブログのように正直に名乗らない限り、ほんとうは誰であるかは相手には分からない。容姿も分からないし、性別や年齢も推測しにくい。名前を含めて、アイデンティティをごまかすことも可能になる。

また三浦は、コミュニケーションの主体間の識別性が低くなることも指摘する。つまり同じ人が通信しているのか別の人なのかも、受け手には区別しにくいということである。このため、たとえば同じ人が名乗りをいろいろと変えれば、何人かが発言しているように見せかけることもできるわけである。

タイプされた文字：メールであれツイッターであれ、コミュニケーションはタイプされた文字で行われる。音声言語と異なり、送信する前に読み直せるし、挿入や削除による修正もできる。また、誰かの書いた文章をそのままコピーして貼り付けること（コピペ）も容易になる。

また、こうしたメッセージは送り手当人だけでなく他者も容易に保存することができる。Google などを利用して、過去に書かれたものを検索することもできる。そこで、メッセージを本人が追体験できるし、他者の体験も共有できると三浦は指摘する。

また、対面コミュニケーションや電話と異なり、一人だけで書く（タイプする）ことになるが、これも「誰かに向かって実際に話すのとは対照的な、まるで自分に向かう独白のような感覚を生じさせ(11)」ることになる。この点もメッセージ内容に影響を及ぼしうる。

同期性のさまざまな程度：相手と同じときにコミュニケーションをするかどうかが同期性である。対面や電話は同期的である。一方インターネットのコミュニケーションにはチャットのように同期的なもの（オンライン）も、ブログのように非同期的（オフライン）なものもある。非同期的な場合は、当然メッセージの作成や修正によりじっくりと時間をかけることができる。

三浦はさらに、インターネットに接続した同期的なコミュニケーション（オンライン）と非同期的なコミュニケーション（オフライン）を組み合わせた利用もできると指摘している。

情報の付加：インターネットの特徴を利用して、情報をいろいろな形で付加できる。具体的に言えば、まず、文章の中には（笑）、（汗）のような表情・感情を表す表現や、絵文字、顔文字などを伴わせることができる。これらは、対面コミュニケーションのような非言語チャネルの欠落を補うことになるが、それらと同じ働きをするわけではない。送り手が自分で制御できる（意図明示的である）。したがって受け手がそれをどう解釈するかに関しても対面の場合とは違いが生ずる。

このほか付加可能な情報としては、写真や動画のような画像もある。これらも文字メッセージの内容を補ったり、それ以上に多くのことを伝達したりすることにもなる。

発信の即時性・一斉性：スマートフォンは同期的な性質を有している。ここでは非同期的な場合とは裏腹に、その場その場で気軽にメッセージを発信できるという特徴がある。何かを見聞きしたときに、それを友人に話そうと思っても、そこまで重大でなければ、わざわざ友人に会いに行ったり、電話をしたりしないだろう。そのうち会ったときにと思っていても、忘れてしまうことも多い。しかしメールやフェイスブック、ツイッター等なら、耳にしたものをその場で即座に発信できる。

またその場で発信するにせよ、じっくり練ったものにせよ、親しい友人に限らず広く一斉に送信できる。

悲劇を偽る

それではネットにはどんな嘘が現れやすいのか。海外での調査によれば、[12]自分のアイデンティティ、つまり年齢、職業、さらには性などを偽るということが可能である。このほか、学歴や収入などのごまかしも見られ、ある調査では、自己をよく見せようという嘘がとくに男性に多く見られる。[13]

これも海外の事例であるが、Nという女性がインターネットのニュースグループで書き込みを始めて、男性メンバーの人気を集めた。書き込みにはかわいらしさがあった。やがてNは同じニュースグループのDという男性とネット上でつきあいを始めた。ところが二カ月後、Dが「Nが交通事故で死んだ」と書き込み、多くのメンバーの同情を集めることになる。しかし、実は、NというのはDのでっち上げ自作自演で、もちろんNの死というのもデタラメであることが判明した。[14]このほか、自分の娘が難病で死んだという虚偽の書き込みが多くの人々に同情されたという例もある。[15]

視覚的匿名性があり非言語的手がかりが用いられないという要因が、インターネットの嘘を特徴づけているわけだが、嘘全体に関して言えばネットのほうが対面よりもとくに多いというわけではないとされる。[16]

「新しい自分」は嘘か

インターネットの多くのものは、非同期性によってじっくり考えて表現できるという特徴がある。また、視覚的匿名性によって、言動がいつもの自分とは異なっていても他者から奇異に思われない。こうしたことから、インターネットではふだんと違う自分を見せやすくなる。

ブログ、ツイッターなどインターネットに書き込みを行う理由の一つとして、いつもとは違った面を見せられると感じる人がいることが挙げられる。対面では当意即妙の受け答えが苦手な人でも、ネットならじっくり考えられる。対面では恥ずかしくて口にするのにためらいのあることでも、ネットなら言いやすい。このようなことから、インターネットでの「自分」は、ふだんの「自分」とは異なった姿になることも十分ありうる。「新しい自分」の創出である。

それでは、このような新しい自分が、日常場面とは異なるとき、その人は自分について嘘を言っていることになるのだろうか。そう単純には言えない。「自分」はどのような他者とどのような相互作用をするかによって、さまざまに変わりうる。インターネット上に現れる「自分」は、これまでそれを示す機会がなかっただけで、「真の自分」の一面であることには違いない可能性がある。[17]

注6—1：事実でないことについて送り手と受け手の間で暗黙の了解が可能な場合や、あらかじめ自分が言うことは事実でないことを、聞き手に「これから言うことは仮定の話だよ」と予告してから言う場合は欺瞞とは見なされない。[18] 前者の例としては、たとえばフィクションの小説の語りが該当しよう。これらの場合、話し手は聞き手にそれを信じさせようと意図するはずはない。したがってザッカーマンらの欺瞞の定義自体は問題はないのだが、欺瞞とは何かを考える点では注意すべきであろう。
注6—2：エクマンは、嘘(lie)の中に隠蔽だけのものと偽装を含むものがあると考えている。その場合、本書で先に「嘘」としたものは後者に該当する。[19]
注6—3：お世辞と異なり皮肉は、話し手自身が事前に「今から言うのは皮肉だ」と断ると成立しなくなるが、言ったあとでは皮肉であると認めても成立する。

表6－2　欺瞞の手がかりについての信念

各国の大学生（GDT, 2006）	イギリスの警官（Mann ほか, 2004）
〈25%を越える参加者が言及した手がかり〉	
視線回避（64%） 神経質（28%） 非一貫（25%） 体の動き（25%）	視線回避（73%） 体の動き（25%）
〈15%～25%の参加者が言及した手がかり〉	
表情 矛盾 ためらい 顔色 休止	体に触る あいまいさ 矛盾 ためらい，休止 声（高さ，大きさ） 顔（発汗，赤面，まばたき）

（Vrij, 2008: p.118の表より抜粋）

（2）欺瞞の漏洩と看破

どんなときに嘘だと疑うか

嘘はつき通せるとは限らない。それが露見してしまうこともある。一方では正直に話しているのに、嘘ではないかと疑われることもある。

嘘をついているのか、ほんとうのことを言っているのかはさておき、人はどんな発話を嘘っぽい、怪しいと感ずるのだろうか。そちらを先に取り上げよう。このことに関して、人はいろいろな信念を持っているようである。

このことに関する研究はいろいろあるが二つ紹介する。一つは日本も含めた国際的なものである。五〇カ国で、各国男女二〇名ずつ（主に大学生）に、嘘のときに現れやすいと思う特徴を自由に記述してもらった[20]。もう一つは、プロの立場ということで、イギリスの警官九九名（平均一一年間勤務、三四歳の人たち）に対する自由記述の調査である。[21] どちらの研究も嘘と思われる特徴を複数個挙げて構わないことになっていた。

それぞれ、出現した比率を表6―2にまとめる。前者が左側、後者が右側である。両者の結果は比較的似ている。そして手がかりとして際だって重視されているのが視線の回避、つまり相手から目をそらすことである。

嘘の漏洩時の心理状態

こうした推測が正しいかどうかは別としても、嘘をつくと言語や、非言語的諸チャネルに何らかの徴候が現れやすくなること自体は事実であろう。嘘をつくときには、真実を話すときとは異なった心理的過程が生じるからである。それはザッカーマンらによれば三つある。[22]

第一に欺瞞に伴う情緒的な反応である。嘘をつくことはよくないという罪悪感、嘘を見抜かれることを心配するという恐怖心、そして相手を欺けるという興奮の三種がある。[23]

第二に、嘘に成功するためにはいろいろな認知的努力が必要である。話がよくできていなければまずい。不自然でない筋書きにしなければならないし、相手がどんなことを知っているかなども頭に入れなければならない。言ったことを覚えておくこととか、話しているときに相手がどんなふうに反応するかにも注意しなければならない。また、真実をうっかり表に出さないように気をつけるということも必要である。[24]

第三に、嘘を言う話し手は自分の行動をうまく制御していくことも必要である。相手が自分の反応に注意を向けているとすれば、不正直に思われるような行動は避けて、信用されるような行動を示さなければ疑われる。嘘が露見しないように、自分からも言語・非言語行動をコントロールしようとする。これはなかなか難しい。[25]

これらが嘘をつくときのことばづかいのほか、非言語チャネルに反映する可能性がある。

嘘研究の難しさ

それでは実際に嘘をついたときには、具体的に言語・非言語諸チャネルがどのように影響を受けるのだろうか。これについても実験が行われている。そこでは実験参加者に嘘をついてもらうという方法が用いられる。たとえば、自分の年齢や意見について嘘を言うとか、映画を見たあとでその内容について偽りのことを言ってもらうとか、手持ちのトランプのカードが何であるかについて実際とは違うことを言ってもらう。これと正直に話してもらったときとで、コミュニケーションの諸特徴の相違を比較するという手法を採る。[26]

ただ、この種の手法で嘘の特徴を捉えるというのは案外難しい。というのは、現実場面では嘘として問題になりやすいのは相手を騙そうとするものだから、人はそのさい罪悪感を持つのが普通である。それに嘘の成否が重大な結果をもたらすことも多い。たとえば夫が妻に対して浮気を隠すために、前の晩の自分の行動について偽るとき、夫としては罪悪感を持つことが多いだろうし、仮に罪悪感は持たないにしても、もし嘘が露見したら面倒なことになると考えるのが普通だろう。

この罪悪感や暴かれることへの懸念が、嘘をつくさいの言語・非言語的な諸チャネルに影響すると思われる。しかし実験室で嘘をつく場合には、実験者が要請したものであるから、実験参加者は罪悪感を感じにくいだろう。それに、嘘が露見しても重大な結果にはなりにくい。そのため実際の嘘の場合とは心理状態が異なり、言語・非言語的な特徴も異なる可能性がある。[27]

そこで別の研究法として、実際の嘘を録音・録画して分析するというやり方もある。たとえばアメリカのクリントン元大統領の不倫について（ホワイトハウス実習生との「不適切な関係」として当時話題になったものである）、嘘の答弁を分析する試みがある。[28]

しかし、このように現実のデータが得られるのは稀《まれ》であろう。自分の不倫に関する嘘を録音・録画したものを研究に提供しようなどという奇特な人はいないだろう。それに、その人物の嘘の特徴を正直な話をしているときのそれと比較するためには、単に嘘をついている場合だけでなく正直に話しているときのデータも必要になる。しかも同じ相手に対して似たような話題、場所で話していないと正確に比較できない。この条件をかなえるのはなかなか難しい。

こうした問題はあるにせよ、嘘の漏洩《ろうえい》、疑い、看破に関して多くの研究は行われてきた。それらの成果を紹介しよう。

表６―３　欺瞞時に生じやすい言語的・非言語的行動

〈研究数６件以上〉	*d* 値
言語的・音声的近接性	-.55
矛盾，多義的	.34
詳細の言及	-.30
言語的，音声的不確かさ	.30
全体的な神経質さ，緊張	.27
音声の緊張	.26
論理的構造	-.25
もっともらしさ	-.23
周波数，ピッチ	.21
負の言明や不満の表明	.21
自己呈示での言語的・非言語的な没頭	-.21
話を文脈に埋め込むこと	-.21
〈研究数３～５件〉	
全体的な協力性	-.66
記憶にないことを認める	-.42
瞳孔の拡大	.39
話す時間	-.35
関連する周辺的な連想	.35
言語的な近接性（全カテゴリー）	-.31
自発的修正	-.29
顎を挙げる	.25
他者の心的状態への言及	.22
語や句の繰り返し	.21
自分からの否定	.21

（DePaulo *et al.*, 2003: p.95より抜粋）

嘘の言語的・非言語的特徴

言語・非言語のどんな特徴が嘘の漏洩と関連するか、個々の実証的研究をバラバラに見ていると、結果が一貫しない場合もある。そこで多くの研究の結果を総合的に見て統計的に評価する、メタ分析という手法が採られることがある。そうした研究の一つを紹介する。この研究は

表6―4　視聴覚手がかりの有無と欺瞞看破の正確さ

	視覚手がかり				
	顔呈示		顔非呈示		
聴覚手がかり	身体呈示	身体非呈示	身体呈示	身体非呈示	平均
発言呈示	1.00(21)[a]	.99(9)	1.49(3)	1.09(12)	1.14
発言非呈示	.35(6)	.05(7)	.43(4)	.00[b]	.21
平均	.68	.52	.96	.54	.68
筆記のみの実験での正確さ .70(6)　音調のみの実験での正確さ .20(4)					

a　(　)内は研究の件数を示す.

b　研究例が0のため，理論上算出される正確さ

(Zuckerman *et al.*, 1981: p.26)

一五八個の言語・非言語手がかりについて、一三〇〇以上のデータに基づいて分析した非常に大がかりなものである。そのなかから嘘との関連性があると見られた言語的・非言語的特徴を挙げておこう。[29] ある程度はっきりした傾向が見られた特徴(|d|≧.20)は表6―3のとおりである。このd値(絶対値)が大きいほど関連性があるが、正の値であればその特徴が嘘であるほど現れやすいことになるし、負の値であればその特徴は抑制されやすいことになる。これを見ると、いくつかの特徴が嘘では漏出しやすいことは分かる。たとえば、矛盾・多義的であること、瞳孔《どうこう》が拡大すること、全体的な神経質さや緊張は欺瞞時に現れやすい。一方言語的・音声的近接性(すなわち表現のしかたが直接的であること)、全体的に質問者に協力する、記憶にないことをそれと認める傾向などは、欺瞞時には生じにくくなる(注6―4)。

嘘の看破――ピノッキオの鼻は存在しない

以上のような諸研究の結果から分かるのは、嘘を疑う手が

かりについての信念と、実際に漏洩しやすい手がかりの間には食い違いがあることだ。ヴリーが検討した二四個の手がかりのうち、信念と実際とが一致する「正解」は、声のピッチが上昇する、近接性が減ずる、もっともらしさが減ずるなど六個のみであった。誤りは一般には嘘と関連のないものを過剰に関連があるとする傾向だったが、逆に関連があるのに見落としてしまったものもあった。

このため、嘘を見破れる比率は、だいたい五〇％を少し超えた程度ということになってしまう[30]。表6―4では、視覚、発言、身体という三つの手がかりの有無の組み合わせで、どの程度嘘が見破られやすくなるかを示している（ここでもd値が高いほど見破りやすいことを示す）。発言や身体は手がかりとして有効だが、顔は逆効果である。実際には表情を見ないほうが嘘を正しく見抜けやすくなる。

以上の結論として、嘘の手がかりというのは絶対的なものではない。言語的・非言語的手がかりとして有効なものも、正直な発言より嘘で生じやすくなるという程度であって絶対的なものではない。現実の嘘を一〇〇％見破るような手がかりは存在しないのである。嘘をついたときと同じ反応は、場合によっては正直な発話でも十分現れうる。人形のピノッキオが嘘をつくと鼻が伸びるという物語がある。しかしヴリーは、「ピノッキオの鼻」は存在しないと繰り返し強調している。

ヴリーはまた、欺瞞を見破る手がかりについて、我々が一般に単純すぎる見方をしてしまうと指摘する。嘘つきはナーバスになるというのはある程度は事実だが、これに囚われすぎる。いつでもナーバスになるとは限らないし、仮にナーバスになってもその徴候がはっきりと表に現れるわけではない。

これに関連して注意すべきなのが、視線回避である。これは嘘の手がかりだとして国際的に共有されている信念だが、当てにならないことが分かる。嘘をつく動機づけが高ければ視線を避ける傾向はあるが、それも強いものではない。

なぜこうした食い違いが生じるのだろうか。まず、視線は自分で意図的に制御しやすいということがある。ごまかしがきくわけである。それに、見つめるかどうかは、嘘とは関係のないいろいろな要因に影響される。たとえば怖そうな人に問いただされて緊張する、といったことも視線を避けるのにつながりうるだろう。嘘が必ずしぐさや表情などに単純に表出されるとは限らないのである[31]。

日常生活での嘘の見破りにくさ

日常の生活では嘘は見破りにくい。その理由の一つが、今述べた嘘の手がかりに関する誤解である。しかし別に理由もある。それは、そもそも相手が嘘をついているだろうという疑いを持っていないことが多いということである。

日頃の他者とのつきあいでは、相手の一言一言が嘘だと疑ってかかっているわけではない。

いちいちそんなふうに接したら失礼にあたる。つまり「性善説」をデフォルト（基本）として相手と接するのが普通だろう。相手の発言は真実だと思ってそれを基準に判断するから、それを嘘だろうと見直すのは難しい。そうすると、仮に多少不自然な言い方やしぐさがあったとしても、そしてそれが実際に嘘の手がかりとして有効であったとしても、見落としてしまう可能性がある。これらを**真実性へのバイアス**と呼ぶ(32)。

犯罪捜査で被疑者に相対する状況というのは、日常の他者とのやりとりという面でいえばかなり特殊な場面である。また、実験場面で嘘を見破るというのもそうである。しかしそういうところでも、嘘はそれほど見破れるわけではない。ましてや、日常生活では嘘の看破は困難となる。

上手な「嘘つき」

嘘をさらに見破りにくくするのは、騙す側の巧みさである。上手な嘘つきが嘘や誤誘導をうまく遂行するにはどんな点が肝心なのだろうか。ヴリーが挙げている七条件に説明を加えよう(33)。

①**自然な振る舞い**：このことが重要なのは当然であろう。不自然でぎこちなくなると嘘は露見しやすくなる。

②**よく準備する**：これによって、ストーリーにも不自然さがなくなる。

③**オリジナリティがある**：相手がこれまでに経験しないような騙し方をすれば、それだけ嘘を

見抜きにくくなる。

④**素早く考える**：相手の反応次第で、それにどう対応するかを調整する必要があるからである。

⑤**雄弁である**：考えたことを次々とことばにしていく必要がある。

⑥**記憶力がよい**：嘘の内容を覚えていなければ、あとで矛盾したことを口にするおそれが大きい。

⑦**罪悪感、恐れ、喜びを感じない**：いわゆるポーカーフェイスを保てる。

⑧**演技がうまい**：当然、疑わしさを感じさせにくくなる。

これらは前項で述べた嘘が漏洩しやすい条件の裏返しであるが、①の「自然な振る舞い」や最後の「演技がうまい」に関しては筆者も実感するところである。もちろん筆者は犯罪に関わったわけではない。大学院生時代に社会心理学の実験を行った。参加者には実験の補助者とコミュニケーションをしてもらう。そのやりとりのなかでの、情報の伝達内容の歪みを分析するのが本来の目的なのだが、それを隠すために嘘をつく必要があった。具体的に言えば「私はこれから別の用務があるので、助手のI君に実験を行ってもらう。まもなくI君が来るので、ちょっと私からの伝言を伝えておいてほしい」等である。その「伝言」が実験参加者からI君にどのように伝えられるかを実験条件によって比較することになる。たいした嘘ではないのだが、はじめの何回かはことごとく露見した。やはり動作や物言いがぎこちなく不自然だったのだろう。これでは実験は無理かなと、一時は絶望的気分になった。

しかし次第に演技が「上達」したらしく、あるときから全く露見しなくなった。終わりのほうになると口実を言い間違えかけても、嘘だとは見破られなかった。自然な振る舞いが重要であることはたしかだと実感した次第である。もちろん、「嘘をついた」ことは実験参加者にあとで説明して了解してもらった。これは研究倫理上当然のことである。しかしこの告白は非常に苦痛であった。いくら演技は上達したとしても、最後まで罪悪感を大いに感じた。

ということで、筆者は決して自分が「上手な嘘つき」とは思わないし、もちろんそう思われたくないが、この経験からもヴリーの議論はまさに当を得ていると思っている。詐欺の名手は、このようなテクニックに長《た》けているのだろう。

嘘を見抜く方法

それでは、嘘を見抜こうとすればどうすればいいか。ヴリーの指摘をもとに整理すれば、次のようなことに注意するべきだということであろう[34]。

まず、そもそも、疑いを持つ必要がある。嘘の手がかりは、話し手が感情や認知的な負荷を経験したり、自分をコントロールしようとすると漏出しやすいわけである。

話し方の中に現れる言語的・非言語的手がかりの中で、表6—3に述べたような診断力のあるものを手がかりとして利用することは無意味ではないだろう。

また、同じことを何回も説明させたり、相手があらかじめストーリーを作っているのではないかと疑われるときなど、その時間や場所について確認することで矛盾が露呈することもある。相手に考えさせるような質問をすることも有意義である。こちらに証拠があるなら、それを利用して相手を問い詰めるような手法も工夫する必要がある。なお、ヴリーは、嘘は最初にインタビューしたときに最も現れやすい可能性があることを指摘している。

そして何よりも重要なのは、発話内容との矛盾を検討するために、事実をあらかじめ確認しておくことである。

二〇一四年七月に、兵庫県の野々村竜太郎《ののむらりゅうたろう》県議が政務活動費を不正に使用したという事件が発覚した。野々村県議は記者会見で釈明したが、疑いを晴らすことはできなかった(35)。

野々村氏の政務活動費の使途の説明にはほとんどの人が疑いを持ったと思う。たしかに彼の記者会見での話し方やジェスチャーは異様であった。とくに、彼が突然号泣したことはインターネットで話題になり、そしてそのシーンがワイドショーでもさんざん流された。しかしそれらの異様さが、説明の真実性を疑う最大の根拠になったのだろうか。たぶんそうではないだろう。

たとえば、神戸から城崎《きのさき》温泉に年一〇〇回以上も出張した、そのうえ福岡や東京もたびたび訪れているという。しかも県議は城崎への経路は覚えていないし、当地での面会者を「守秘義務」を理由に明らかにしなかったうえ、城崎で同県議を見かけたという話もない。そして交通費の領収書もない。出張したとされた当日、大雨で列車が運休だったこともあった。さらに、購買品の領収書は保存してあるのだが、それらからは皮肉なことに、遠方へ出張しているはずの日に自宅近くで買い物をしていることが明らかになった。

つまり、発言の内容自体が事実としては信じがたいこと、そして事実（証拠）との矛盾が疑いに直結したように思われる。同様のことが「はじめに」に示した旅行会社社員のケースにも当てはまる。この点からも発言内容を事実と照合する、という点が嘘を見抜くポイントになることが分かるだろう。

ここで、どういう人が嘘が下手かも分かるだろう。そうした人は、あり得ないこと、矛盾することなど周囲から見れば事実でないとすぐ分かるようなことを並べ立てる。しかも（露見していると自覚があれば、そんなことを口にしなくなるだろうから）、ふだんから嘘が露見していること自体に自覚が薄い可能性が強い。

第2章で心の理論について述べた。他者がどのようなことを心に描いているかを想像する能力のことである。露見しにくい嘘をつくのには、ある程度のレベルの心の理論が必要である。もちろんここで述べた県議や旅行会社社員に当てはまるかどうかは即断できないものではあるが、嘘が下手な人というのは、この心の理論に関わる推測が苦手である可能性がある。

嘘とつきあうために

本章の最後に、嘘とのつきあい方についても考えてみよう。人は嘘をつかずに社会生活を送ることは不可能である。招待先で出された料理について正直に「まずかったよ」と感想を述べる、不格好なフォームでゴルフのスウィングをしている上司に「下手ですねえ」と言う……。そんなことを繰り返していたらどんなことになるかは言う必要がなかろう。「嘘はいけない」というのはあくまでも、相手に被害を及ぼすような嘘はいけないという意味である。

また、自分の顔を守るための嘘もやむを得ないことがある。体調が悪くて病院へ行き遅刻した場合に、悪化の原因は昨晩の遊びすぎなのだが、「すみません、ちょっと体調が悪かったので……」というようにある程度事実を隠して、不格好を取り繕いたくなることもあるだろう。

ときには誇張して自慢したい場合もあるかもしれない。これもある程度はしかたがないだろう。ただそんな場合、話が不自然だとか、他の人から聞いたことは本人が言っていることと違うなど、嘘が見え透いている場合も往々にしてある。それなのに本人だけがそれに気づかない。嘘が露見していないと思うからこそ、そのような自慢話が常習化してしまうおそれもある。相手の人も、話し手の顔を潰さないように気づかないふりをしている可能性が高いことは認識しておくべきだろう。

このことにも関連するが、嘘一般に関して用心したいのは、露見していると警戒するときには案外露見していないのに（透明性錯覚）、露見しているはずがないと思っているときには、露見している可能性があることである（マジックミラー錯覚）。つまり、自分が露見するのを警戒していてもしていなくても、いずれにしても他者の視点を正確には推し量れないということである。

相手の嘘を疑う場合についていえば、これも先に述べたことだが、嘘を見破る手がかりというのは当てにならないことには注意すべきである。たとえば「話し手が視線を避ける」ことは手がかりにはなりにくい。このため、実際は話し手は正直に話しているのに聞き手の側は嘘を言っていると思い込んでしまうことが結構起こりうる。そもそも聞き手が話し手を疑っているとき、また話し手が聞き手に疑われていると感じているときは、とくにそうした間違いは生じやすいだろう。これは、話し手にとっても聞き手にとっても不幸なことに違いない。

ただ、相手が何か嘘をついているという場合は案外多いかもしれない。これにあなたが気づかないだけである。自分の利益に関わることで相手が重要な嘘をついているかもしれないから見破る必要があるという場合には、先に述べた嘘の手がかりに注目すべきだろう。そこでも述べたように、非言語的な手がかりに囚われるよりは、事実関係をよく確認してそれとの齟齬《そご》を洗い出すというのが一番確実である。

しかし、お互いに自分と相手の顔を保ち、相手との対人関係に摩擦を起こさないよう嘘をつくということは存外多いだろう。自分の自尊心やプライバシーを守ったり、相手に対して配慮したりすることが何らかの嘘につながっていることもある。それを詮索《せんさく》しないほうが得な場合も多い。いずれにしても、他人は所詮他人である。いくら親しくても、あなたにすべてほんとうのことばかり言うはずはない。

こんなことは改めて忠告するほどのことではないが、もし、親しい人に嘘をつかれたことに気づいても、それがあなたにとって重大でなければ、知らなかったことにするに限る。「裏切られた」などとあまり深刻に考えないほうがいいだろう。

注6―4：ただし、大きい傾向があるというためには、|d|≧.50であることが必要とされている。その条件を満たすのは、言語的・音声的近接性と全体的な協力性だけである。それにこれは、あくまでも多くの研究をまとめた全体としての傾向である。個々の研究を比べると一貫しない場合もある。

第7章　悪意が広まる——ヘイト・スピーチを生むもの

石巻《いしのまき》では治安が悪くなっているそうです。外国人が船で乗り付けて、津波の被害者（死者）から金品を盗んだり、女性に暴行を振るったりしていると聞きました。

（東日本大震災後にインターネットに流れたうわさ[1]）

第3章で、偏見や差別がどのように発生するかを述べた。しかしこのような偏見・差別は一人の心の中に留まっているわけではない。人から人へと、口伝えのほかネットによっても広まっていく。その中には、誤りや悪意のある虚偽も混じっていくかもしれない。

本章ではまず、ある人の評判などを聞いた場合、それがどのように伝えられるかを論じよう。他の人々へ、さらにはグループ全体へと情報が伝わっていく間に、一部分だけが偏って伝わったり、変化をこうむったりする。関連してうわさ（流言）の問題にも触れ、最後に現代的問題として差別表現とヘイト・スピーチを取り上げたい。

（1）伝達内容の変化

記憶の変容

自分で何かを経験した、また友人、知人から何かを聞いたり、インターネットやテレビ番組で何かを知ったとする。それらが興味深い内容であれば、ほかの人にも伝えたくなるだろう。ただ、人間の記憶は当てにならない。

何かを覚えて正確に思い出すためには、まずきちんと覚え込む（記銘）、その内容を思い出すまでそのまま取っておく（保持）、そしてそれをちゃんと思い出す（想起）という三つの過程のすべてがうまく機能しなければならない。しかし、これらがうまくいくとは限らないのである。そこにはいろいろな問題が介在するが、ここではコミュニケーションが記憶にどんな影響を与えるかという点に注目する。記銘の時点と想起の時点でのことばのやりとりが、記憶の歪みに影響することを示唆する実験データがある。

まず八〇年以上前の実験であるが、記銘時の影響を検討した有名なものがある。[2] その実験では実験参加者に図7―1中央にあるような「刺激図形」を記憶してもらい、それをあとで思い出してもらった。ただし記憶するさい、それぞれの図形が何であるかについて、半数の参加者には左側、残り半数には右側のような説明（たとえば一番上なら「窓のカーテン」対「矩形《くけい》の中

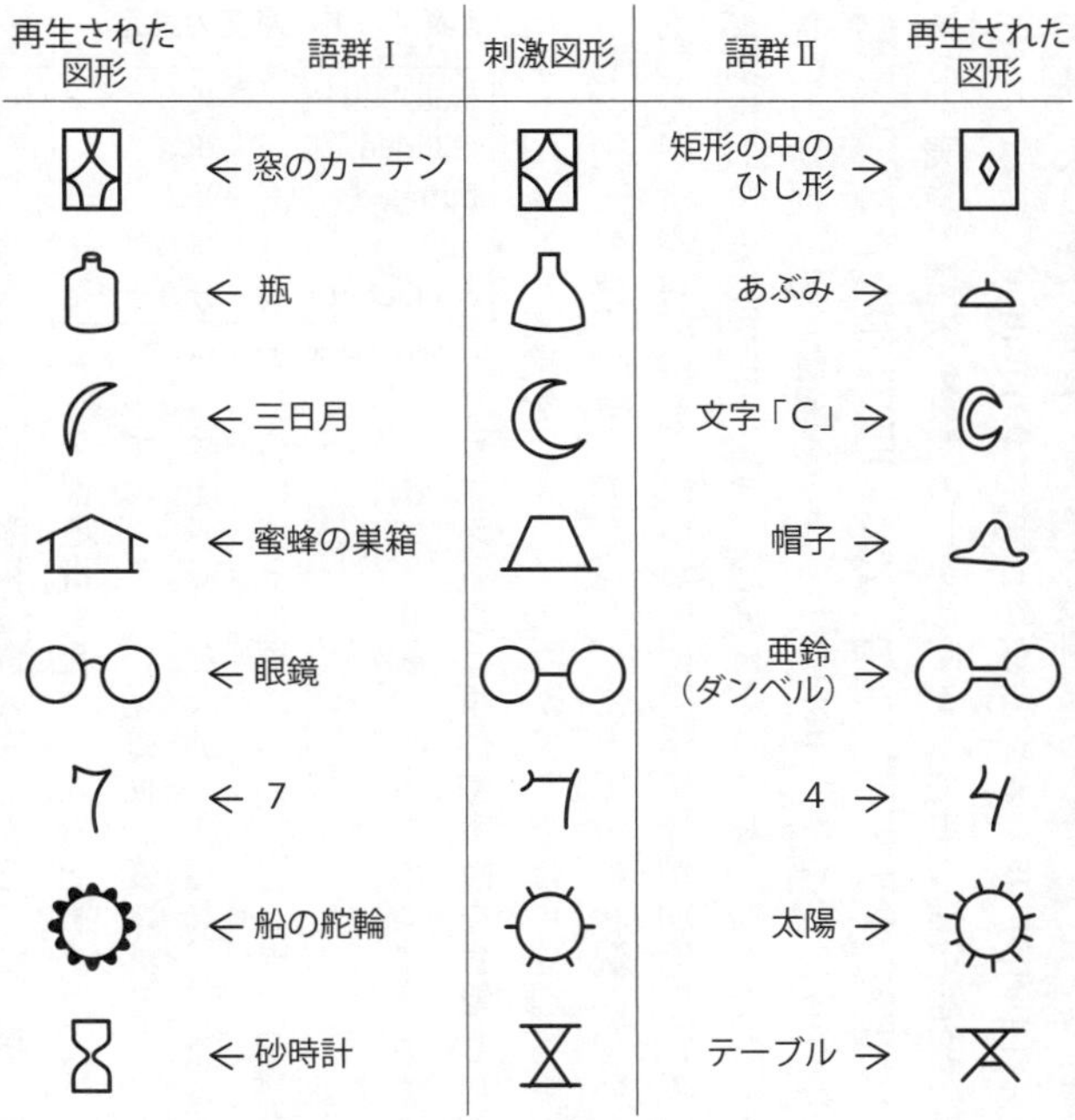

図７—１　実験に用いた図形（Carmichael, *et al.*, 1932; 齊藤, 2010: p.81より）

のひし形」）をした。刺激図形は曖昧な形をしているから、左右の説明のどちらにも見えないことはない。実験の結果、参加者があとで思い出した図形の形は、説明に沿ったものに変化していた。

他人の印象に関する記憶もこのような変化と無縁ではないだろう。ある晩あなたが友人と裏道を歩いていたら、家の陰から見知らぬ中年の男性が出てきた。サングラスとマスクを掛けていた。そしてずいぶん太っている。友人が「あの人、ちょっと怪しげだね」とあなたにささやいた。

表7—1　速度の推定

smashed	40.8マイル /h
collided	39.3
bumped	38.1
hit	34.0
contacted	31.8

(Loftus & Palmer, 1974: p.586)

後日新聞を読んでいたら、この間の裏道付近で放火が頻発しているという話を聞いた。こんなときあなたは、ひょっとしたらあの男が怪しいのでは、そういえば何か変な感じだった、などと思わないだろうか。これに比べて、友人が「あの人、ずいぶんメタボだね」とささやいていた場合は、その男について思い出す内容が相当違ったものになる可能性が強い。

次に、想起の時点でのコミュニケーションも思い出す内容に影響する。ロフタスらは事件や事故を目撃した内容をどの程度正確に証言できるかに関して多くの実験を行い、そのなかでことばの影響も検討している。一つの実験は自動車どうしの衝突事故のフィルムを見せ、あとでその状況について質問に答えてもらうというものであった[3]。その質問のことばづかいに実験操作が加えられていた。具体的には実験参加者は「車が衝突した(collided)とき、速度はどれくらいでしたか」のような形で聞かれるのだが、そのさいの動詞部分(傍線部)を、「collided」のほか、「smashed(ガチャンと衝突した)」「bumped(ドシンと当たった)」「hit(当たった)」「contacted(接触した)」の五通りを作って比較したのである。実験の結果、質問のしかたによって車の推定速度が異なることが分かった。表7—1にあるように、contactedの場合が最も遅く、smashedの場合が最も速いと推定されていた。

また、次の実験では、ガラスが割れたと答えた人の比率はcontactedでは一四%なのに、

smashedでは三二%もあった（実際はガラスは割れていなかった）。

右に挙げた裏道で見た人物の例でも同じことがいえよう。そのときは友人はとくに何も言わなかったとしても、あとになって「夕べ道で会った人、怪しげだったね」と話しかけてきた場合と、「夕べ道で会った人、ずいぶんメタボだったね」と話しかけてきた場合では、思い出す内容が異なってくる可能性がある。

誰に伝えるのか

中村君という人に、僕は直接は会ったことはないよ。だけど、前田君が中村君とは同級生だったんで、前田君からいろいろと情報が入っているよ。それによると、中村君というのは……。

今度は、誰かに情報を伝えるプロセスについて考えてみよう。ここでもさらに歪曲《わいきょく》が加わるおそれがある。まず、誰に伝えるのかが問題になる。たとえばあなたが、同じアパートに住んでいる村越さんという男性について次のような印象を持っているとする。

顔を合わせれば普通に挨拶もする。ときには雑談もする。もちろんゴミ出しとかのルールも守る。仕事の関係なのか夜は遅いようである。どんな仕事なのかは知らないが。それとときどき深夜に友人が何人か訪ねてくるようで、夜中でも声が聞こえることがある。うるさくて眠れないほどではないが。

ところで、東山さんは村越さんが好きなようだが、西川さんは明らかに村越さんをあまりよく思っていない。あなたが東山さんに村越さんのことを話すとする。彼のどんな点を話すだろうか。一方西川さんに話すときはどうだろうか。どちらに話すかによって、伝える内容が違ってくる可能性がある。実験によれば、ある人物のことを誰かに話すとき、話し相手がその人物について好感を持っていると思っているときは、その人物のよい面を伝えやすいし、悪い印象を持っているときは、悪い面を伝えやすい(4)。つまり相手に迎合するような方向に言うことを歪めてしまう。このような傾向は、もともと目上の人の言うことに迎合しやすい権威主義的性格の人が、目上の聞き手に伝える場合にはとくに見られやすいという。

関連してこんな問題もある。もしこの男性が村越さんという日本人ではなくX国人だとする。世の中にはX国を好きな人もいるが、あまり好きではない人もいる。話し相手の南田さんは男性自身とは面識がないがX国を好きでない、ということはあなたも知っている。そうした場合、南田さんに対して、男性の悪い面に偏って伝える可能性がある。たとえば、

あのX国人って近所迷惑は平気だよ。

という。これは「X国人は近所迷惑を顧みない」というステレオタイプも反映している。そうすると、南田さんは男性には会ったこともないのに男性に悪い印象を持つことになるし、X国へのステレオタイプ的な偏見を強める結果にもなる。右の実験結果からはそんなことも示唆される。

問題はそれだけではない。ここでも記憶の問題が介在する。歪んだ伝え方をすると、伝えた当人の記憶もその方向に歪んでしまう。あなたが南田さんに迎合してそのX国人のことを悪く言うと、あなた自身のその人物に対する印象も悪化していくし、X国人へのステレオタイプも確固たるものになってしまう可能性がある[5]。

次々と伝わっていくとき

ある人物について、人から聞いた情報をさらに別の人に伝える、ということもあるし、それをさらに別の人に伝える場合もある。このような二次的情報、三次的情報では、その人物の印象はどのように変化していくのだろうか。

子どものころに伝言ゲームをした経験はお持ちだろう。何か短い物語を順に耳打ちしていくというゲームである。このゲームでは内容は次第に変化していくし、最初とは似ても似つかない話になることもある。この伝言ゲームを正確な手続きで行った研究（系列的再生）の実験結果を分析すると、次のようなことが分かる[6]。

①**平均化**：内容がだんだん簡潔化される。
②**強調化**：一部だけが強調される。
③**同化**：伝達者の知識、先入観、価値観などに影響されて内容が変化していく。

人から人へと情報が伝わっていくいろいろな場面で、その内容はこのような変化をこうむるわけだが、とくに問題になるのが同化である。先入観、価値観としてのステレオタイプや偏見の方向へ同化されることも考えられる。精神分析の考え方を適用すれば、同化においては潜在的偏見が、伝達内容に投影されることになる。

ここに平均化や強調化も影響する。誰かから聞いた話を伝えようとすれば細かい話を省略して伝えようとするし（平均化）、それに伴って内容はより極端になる傾向がある（強調化）。そこで、ある人に関する偏見めいた話をイチロウ君から聞いたジロウ君がそれをサブロウ君に伝えると、イチロウ君が抱く以上に極端な偏見が伝わってしまうおそれがある。

グループの中での広まり

Y国人って不正直だ。みんながそう言ってるよ。

ある町に最近何人かのY国の人が住むようになった。自分が属さない集団のことを外集団という。たとえば白人にとっての黒人、日本人にとってのアメリカ人、京都市民にとっての大阪市民というように。これに対してここでの白人、日本人、京都市民は内集団である。とすると、ここでは、従来の住民から見れば、自分たちは内集団、Y国人は外集団ということになる。

外集団に対する印象は、内集団の住民の間でどのように共有されていくのだろうか。

内集団の住民たちはお互いに、仲良くやっていきたいと思っている。そんなときに、内集団の他の人たちが持っている意見に合わせれば、好感を持ってもらえるかもしれない(7)。そのためにはどんなことを話せばいいだろうか。

Y国人についてステレオタイプがあれば、それを利用するのも一方法であろう。たとえばこの町の多くの人が、Y国人に対して「不正直」というステレオタイプを有している。ただ、Y国人たちが具体的にどんな行動をしているかはあまり知らない。そうするとY国人について知っていることの中でも、ステレオタイプに合致する「不正直」を裏付けるような情報を皆に伝えるということになる。支持を得られて仲間意識が高まると期待できるからである。

具体的に考えてみよう。五人の人（A〜E）が五人のY国人（P〜T）それぞれの行動について、次のことを見聞きした。

Aさん：Pさんが忘れ物を届けてくれた。
Bさん：Qさんが釣り銭をごまかした。
Cさん：Rさんが近所のお年寄りの掃除を手伝っていた。
Dさん：Sさんが募金活動に協力した。
Eさん：Tさんが他人名義の定期券を使った。

これらのそれぞれは他の人は知らない。そうするとその内容には情報の価値がある。ただ、そこで「不正直さ」に一致する行動情報が意味を持つ。つまりY国人が「釣り銭をごまかした」「他人名義の定期券を使った」という情報は、ステレオタイプを補強するから他の人たちに伝えやすい。一方Y国人が「忘れ物を届けてくれた」「お年寄りの掃除を手伝っていた」「募金活動に協力した」といった「不正直」とは相反することを知っていても（そして実際はそのような望ましい内容の情報のほうがずっと多くても）、それらはステレオタイプには一致しないから、口にされにくい。

こうしたことで、町内の人々にはY国人に関する「不正直」に関わる情報ばかりが集まってくる。それを反証するような情報を持っているA、C、Dさんは、これを他者は口にしないのでレアケースかと思う。このようなことで皆のY国人へのステレオタイプは「検証」され強固になっていく[8]。つまり、結果としてマイナスのステレオタイプを強めることになる。

（2）偏見とうわさ

うわさとデマ

誰かについてのさまざまな情報は、人々の間にうわさとして広く伝わっていく。そのさい歪みも加わることがある。うわさとはどんなものか。改めて考えてみる。

うわさは、「内容の真偽を問わず、確実な知識に土台を置いたものではない」「ある社会的な拡《ひろ》がりを持った、連鎖的なコミュニケーション」と特徴づけられる[9]。一九七三年一二月に愛知県の一都市全般に広まった、「豊川《とよかわ》信用金庫が危ないようだ」のように内容的に深刻な話題も、職場の仲間内だけに広まった「マモル課長とユカさんは怪しいらしいよ」という話題も、どちらもうわさである。

前者のような社会的に影響の大きいものは、とくに流言として区別して呼ぶ考え方もある[10]。ただ、うわさや関連する概念の定義は、研究者によってさまざまである。本書では全体を「うわさ」と呼ぶことにする。なお、関連する概念にデマ（demagogy）があるが、これは少し違う。特定の他者や組織にダメージを与えようとか社会を不安に陥れようという目的で、わざと誹謗《ひぼう》中傷の情報を流すものである[11]。

他愛のない冗談が

となると、豊川信用金庫のケースは「デマ」ではないのだろうか。実際、警察はそのように疑って捜査を行った。すると予想外のことが明らかになった。このうわさは、女子高校生の軽口から始まったのである。豊川信用金庫に就職が決まった女子高校生に対して、友人の女子高校生が「信用金庫は危ないよ」と冗談を言った。言われた側はそれを冗談と聞き流したのだが、傍らにいた別の友人は話を真に受けて家人に話した。それがさらに知り合いから知り合いへと次々と伝わっていく中で大騒ぎになってしまった、ということが判明した[12]。

この例でも分かるように、他愛もない話から始まったうわさでも、いったん広まりはじめるとデマと同じような悪い影響を持ってしまうことがある。ということで、「デマ」は発生源や動機が特定できればそのように言えるが、いったん広まってしまうと、「うわさ」と区別ができないことも多い。以下のうわさの実例の中には、デマも含まれている可能性がある。

うわさを発生させる要因

うわさはどんな条件で広まりやすいのか。オールポートとポストマンは、うわさ(rumor)を発生させる要因として、トピックの重要性(importance)と内容の曖昧さ(ambiguity)があると論じた[13]。そして、うわさの広まりは$R=I\times A$であるという有名な公式を提唱した。つまり重要性が高ければ高いほど、また曖昧であれば曖昧であるほど、かけ算的に広まりやすくなると論じた。

豊川信用金庫の例でいえば、信用金庫の経営危機は多くの市民の生活に関わる重要な問題であった。また、話に確証があったわけではない。そうした条件が揃《そろ》ってどんどん広まっていったと思われる。自分の職場であるJ社営業課のマモル課長とユカさんの不倫の話題は関心を惹《ひ》くだろう(この場合、「関心が高い=重要である」と考えてよい)。それが事実なのかそうでないのかはっきりした証拠がないとすれば(曖昧さが大きい)、広まりやすいことになる。

なお、右の式が足し算ではなくかけ算であることから、IかAのいずれかがゼロであれば、Rもゼロとなる。職場の不倫の話題といっても、隣町のK社の会社の課長と部下との不倫はJ社では関心がなく($I=0$)、うわさとはなりにくいだろう。また、マモル課長とユカさんの不倫が仲間内では周知の事実となっているのであれば($A=0$)、やはりうわさにはならないだろう。

うわさが広まりやすい条件は他にもある。豊川信用金庫のうわさが広まった一九七三年一二月は、第四次中東戦争のため産油国が石油の輸出を規制した時期であった。このあおりで石油製品等の品不足が社会問題を引き起こし、また諸物価が高騰していた。いわゆるオイルショックである。社会的不安もうわさを広まりやすくする。

災害、戦争とうわさ

また、災害時や戦時下の銃後でもうわさが多く見られる。災害時ということでは、次に述べる関東大震災や東日本大震災の例がある。これには社会不安に加えて、正確な情報が十分に行き渡らないという事情も影響している。情報不足をうわさで補おうとするわけである。そして、情報不足は通信網の混乱だけでなく政府による情報の統制によっても引き起こされる。(14) これは第二次世界大戦中の日本にも当てはまるが、現在でも独裁国といわれるところでは、政府要人の動静などに関するうわさが飛び交っていることが想像される。もちろんそれが当局に察知されたら大変なことになるだろうが。

うわさと偏見

このように、うわさはまさに根も葉もなくても広まっていく。そして、ときには恐ろしい事件につながることがある。国内での典型的事例として関東大震災（一九二三年）のさいの「朝鮮人が井戸に毒を入れた」「放火した」といううわさがある。これは事実無根であった。しかし震災のあとの情報不足と不安の中、このうわさはどんどん広まった。その結果、全く罪のない在日朝鮮人や中国人が何千人も虐殺されるという歴史に残る悲劇的な結果を引き起こした(15)。

また、一九九〇年ころ、「外国人が女性に暴行を働き、被害者が自殺した」といったうわさが埼玉県の各地で広まったことがある(16)。これには、「夫婦で犬の散歩中に東南アジア人（パキスタン人／黒人三人）に集団で襲われ夫の目の前で妻が乱暴された。妻が苦にして自殺した」「妻が犬を連れて散歩中に外国人に襲われて、犬だけ帰って来た。夫が不審に思って行くと妻が乱暴されていた」「東南アジア人（フィリピン人）が家に押し入って夫の前で、妻が乱暴された。妻が苦にして自殺した」などのいろいろなバリエーションがあったという。起源は一つで、それがさまざまに変化したと思われるが、誰がどこで言いはじめたことかは分かっていない。いずれにせよ、埼玉県の各警察署は、それに類する事件は全くなかったとしている。

このうわさは、必ずしも悪意に基づいて伝えられて歪んでいった（つまりデマ）とは限らないが、当時その地域に増加しはじめた東南アジア等の外国人に対する偏見が反映されていることは間違いない。

東日本大震災のさいも、インターネットなどにいろいろなうわさが流れたが、そのなかには「ナイフを持った外国人がウロウロしています」「中国人窃盗団が石巻市新橋《しんばし》に出現(17)」といった外国人に対する偏見に基づいたものもあった。

二一五ページの伝言ゲーム式の実験では、内容の平均化、強調化、同化が生じると述べた。うわさも人から人へと伝わっていくなかで、こうした変化をこうむる可能性がある。このうちとくに問題なのがやはり同化である。実際のうわさでは話し手自身が明白に意識しない感情などもそこに映し出される（投影）ことがある。豊川信用金庫のケースでは、伝達者の先行きの暮らしの不安が、うわさに投影された可能性がある。なお、平均化とは逆に、話に尾ひれがついていく場合もあるが、そこにも話し手の先入観が影響することがある。[18]

（3）差別語と差別表現

軽蔑的なラベル

内集団の人が外集団の人の何かについて誰かに伝えるさい、まず問題になるのが、その集団自体を軽蔑的に呼んだり、形容したりする場合があることである。たとえば差別に関連して重要なのは、人種や民族等に関する外集団、とくにマイノリティの外集団に対してのものである。アメリカで黒人のことを“Nigger”と呼ぶような例がそれである。日本人もかつて中国人や在日朝鮮人に対して差別的な呼び方をしたし、ヘイト・スピーチでは今もそれが頻繁に見られる。

こうした軽蔑的な呼び方はなぜなされるのか。オールポートによれば、嫌悪感のはけ口になるのに加え、内集団の仲間どうしの連帯感が高まるからである。[19]話しかけた相手も同じ軽蔑的な呼び方をすることで、「我々はあんな奴《やつ》らとは違うんだ」という優越感を分かち合えるわけである。

差別語

さて、小林は差別語を次のように定義する。[20]

他者の人格を個人的にも集団的にも傷つけ、蔑《さげす》み社会的に排除し、侮蔑・抹殺する暴力性を持つ言葉。

また、小林は軽蔑の対象として、自分では選択できない自然的特徴（たとえば身体的な障害）や社会的属性（たとえば人種、民族、性）があると論ずる。職業や学歴などは自己選択が全くできないというわけではないが、そういった選択をせざるを得なかった社会的状況があると考えれば、この特徴づけに準ずるものと位置づけることができよう。差別語はそれによって差別される対象を指示する（デノテーション）と同時に、差別的なニュアンス（コノテーション）を感じさせる（小林はそれぞれを「原義」と「差別性」と呼ぶ）。

差別語の言い換え

差別的と認識された語は、言い換えられることが多い。たとえば、ある時期まで使われていた「老人性痴呆症《ちほうしょう》」は、「痴呆」という語のマイナスなコノテーションゆえ「認知症」と言い換えられ、「アルコール中毒（アル中）」は「アルコール依存症」のように言い換えられた。職業名の「屑屋《くずや》」は「廃品回収業」に、また「土人」は「先住民族」に言い換えられた。以前は「外人」という言い方が普通であったが、これもやや差別的なコノテーションを帯びるのか、「外国人」と表現されるようになってきた。さらに、差別語とまではいえないかもしれないが、心理学では実験に参加してもらう人たちを、「被験者」（英語では subject）ではなく「参加者」(participant) と表記するようになっている。

こうした言い換えの狙いは、その表現 x が有する差別感情を y と言い方を変えることによって消し去る。それによって少なくとも一時的には当の言及対象の人や集団の侮辱感を和らげ、長い目で見れば言及対象に対するネガティブな態度を変化させることも期待できるというものである。アメリカやヨーロッパでは、こうしたことばの言い換えの運動は、**ポリティカル・コレクトネス**（political correctness）と呼ばれる（注7―1）。いろいろな社会制度での人種や性の平等化の運動の一翼を担ってきた。[21]

しかしこうした言い換えには、次のような問題があるとされる。[22] まず、言い換えさえすればよい、という風潮ができあがってしまうことである。「対象Oについては、とにかく x という言い方をするな、y と言え」という点だけに神経が集中して、差別の実態を見ようとしない。そうして差別自体は変わらないままである。本質的な問題がなおざりにされてしまう。

さらにOに対する差別が残存しているままであると、新しい表現 y が揶揄されるようになり、しばらくするとまた差別的なコノテーションを帯びてくる。これは、その語が発話の中で用いられるなかで、もともとあった差別感情と結びつけられていくうちに、ニュートラルであったはずの語自体が差別的なコノテーションを帯びていくためである。これは、心理学では古典的条件づけによる連合形成として説明される過程である（注7―2）。したがって、また差別を感じさせない表現としてzが必要になる。この繰り返しはきりがない。

一方では、このようなことばの規制は言論、表現の自由を侵害するものであるという議論がある。ポリティカル・コレクトネス運動についていえば、それはジョージ・オーウェルが『一九八四年』で描いたような、監視社会の中でのことば狩りに喩えられることがしばしばであった。

さらに差別されている側が、言い換えよりも差別語とされるものを好むことがないわけではない。そのほうが自らのアイデンティティの証《あかし》となるからである。(23)

それと、差別かどうかは発話がどんな文脈で行われるかにも左右される。差別の被害者の人々も、この点は同意見であると思われる。(24) 本書のような文脈で差別語を列挙して紹介しても、「差別している」とはいえないだろう。一方、ある表現が差別的かどうかは、語自体だけではなく叙述される内容にも関わるから、直接的には差別語を用いなくとも差別的な場合はいくらでもある。たとえば日本に在住するコリアン（韓国・朝鮮人）に対して、「君たちは日本に要らない」「邪魔だ、出て行け」などと言ったらまさに**差別表現**となる。「はじめに」に示した例の、サッカー・スタジアムの垂れ幕に見られた、「JAPANESE ONLY」も、この類いである。

差別語と差別意識

このように差別は個々の語だけの問題ではない。それらの単なる言い換えでは解決にならない。しかしそうは言っても、「だからことばだけ言い換えても意味はない」という議論には筆者は与《くみ》することができない。その理由を以下で述べる。まず、差別語と差別意識の関連に関して考えてみよう。ある対象Oについて差別語xを用いる人の中には、

①差別意識を持ってxと言う
②xとは言うが、差別意識はないと主張する
③xという言い方は差別的だと知らずに、xと言う

というタイプが考えられる。差別意識を意図明示的に伝えようとしている①には、たとえばヘイト・スピーチが相当するが、これは論外であろう。

また、②のような主張をする人をときどき見かける。しかし話し手に実際に差別意識はなくとも、語自体のコノテーションからターゲットとなった人々は差別を感じうる。この点は③の無知な人の発言と同じであるが、さらに差別的であることを承知で口にするという意味では、当然ターゲットにされる人々はより「悪意」を感じるかもしれない[25]。

③はどうだろうか。話し手Aさんのほうは差別の意識がないと思っていても、聞き手（Bさ

ん）は、もしターゲットとなる集団のメンバーである場合には差別されたと感じる可能性が強い。このBさんの抱く不快感は、Aさんはxが差別語であることを知ってそう言った、とBさんが（誤って）認知する場合にはとくに大きいだろう。しかしAさんは差別語と知らずにそう言ったとBさんが理解しているにしても、不快感は完全には拭《ぬぐ》えないと思われる。語自体に染みついている（つまり古典的条件づけによる連合形成ができあがっている）差別的なコノテーションは、聞き手には話し手の意図とは関係なく影響しうるからである。

いずれにしても、②、③は話し手自身が差別をそのように考えていないことで、かえってこうした表現が不用意に使用されやすいという問題を孕《はら》んでいる。

それに、差別されているマイノリティの側が、差別語のほうがアイデンティティの証になると考えているといっても、そのことは部外者がそのことばを使っていいかどうかとは別問題である。自分の所属する集団のことを差別的な呼称で呼ぶときには、そこから自分たちのアイデンティティに基づく誇りといったものが隠意として暗示されるかもしれない。しかし同じ言い方でも外の集団の話し手が用いたときには、そうした隠意を話し手が意図していたとしても、それが聞き手に伝わるとは限らない。ほんとうに多くのマイノリティの人々が、外部からもその言い方で呼ばれたいと考えているかということを慎重に確認する必要がある。

そして差別されている人々をxと呼び続けるのに比べれば、表現yは少なくとも一時的にでも差別感を弱める。とくにyという語がもともとポジティブなコノテーションを有しているとすれば、とくにその効果が期待できるだろう。

また言い換えによって、社会における差別の認識を広める手がかりにもなる。もちろんそれをきっかけにターゲットへの態度を変えていくことも不可能ではない。

したがって、「言い換え」だけで問題が解決するわけではないことは承知すべきだし、一部のマスコミに見られると思われる、それだけで安易に事を済ませようという風潮には警戒すべきだが、そうした問題点を免罪符として言い換えを全く否定する行き方は妥当とは思えない。

差別を否定しながら

以上、明確な差別表現について述べてきた。ただこれらだけが問題になるのではない。第３章で述べたように、差別意識は現代的差別のような形もとるし、また本人が意識しない潜在的な態度の中にのみ存在する場合もある。そして差別感情は言語のもっと微妙な形でも現れる。

たとえば、マジョリティに属する人々は、自分は差別主義者ではないと言いながら差別を正当化する。[26]具体的には、次のようにである。

（オランダ女性による移民に対するコメント）

ああ、あの人たちといえば、ほとんど問題ないんですよ。人々はそれぞれ自分の信仰があるし、生き方があるし。そのことには全然反対しません。けれどね、もし、あの人たちの生き方が私たちとある程度違ってくるというのなら、その事実がね……。[27]

宗教や文化の差異を許容すると言いながら、「限度を超えたら困る」というホンネを口にしている。

（避難所を求める難民に関しての投書）

難民が、イギリス人のホームレスよりも優先して住まいを与えられると、悪い感情が生じます。本物の難民であれば、誰もうらやむことはありません。しかし偽物の難民が一週間以内に住まいをもらい、イギリスの市民は黒人であれ白人であれ、簡易宿泊所にほうっておかれるとすれば、不公平ではないでしょうか。[28]

「本物と偽物を区別する論証装置は批判を避けると同時に、『合理的』であるように、そして避難所を求める難民に対して同情的であるように見せかけるのに便利である」[29]というわけである。

つまり、自分は「差別なんかしていない」、「だけどマイノリティのやり方はけしからん」、そして「政府のやり方はマイノリティ優遇だ」という論理である（実際本人は差別に気づいていない可能性が高い）。こうした論理自体は日本のヘイト・スピーチの言動にも共通する。となると日本でも、一見差別をしていないように見える人たちにも同じような言動が見られる可能性が強い。これは第3章で述べた在日コリアンに対する意識調査（現代的レイシズム）からも窺える。

述語に潜んだ偏見

偏見は言い回しの端々にも微妙な形で現れる。次の言い方を比較してほしい。いずれも同じ場面を表現したものである。

健二は正一を叩いたよ。……………a
健二は正一をいじめたよ。…………b
健二は正一を嫌ったよ。……………c
健二は意地が悪かったよ。…………d

健二の正一に対する同一の行動の観察に基づいたものであり、どれもネガティブな内容ではあるが、かなりニュアンスは異なる。aであれば健二は気まぐれで「叩いた」という感じかもしれないが、dとなれば本人の性格が表現されているから、叩いたのは気まぐれとは思えなくなる。したがってaよりはdの場合のほうが、健二が同じことを繰り返しやすいだろうという印象を与える。b、cはその中間だろう。こうしたニュアンスの違いは実験でも確認されている。そしてこの差をもたらしているのは、述語の抽象度の違いである。aが最も具体的で、dが最も抽象的である。

オランダの社会心理学者セミンらは、対人関係を表す述語を次のように四タイプに分けることを提案した[30]。**言語的カテゴリーモデル**（LCM: linguistic category model）と呼ばれる。

描写行為動詞：特定の単一の行動に言及。観察できる出来事を客観的に記述する。呼ぶ、会う、蹴る、など。

解釈行為動詞：特定の単一の行動に言及するが、記述を超えた解釈を行う。騙す、助ける、禁止する、など。

状態動詞：単一の事象から抽象された持続的状態に言及する。単なる記述を超えた解釈をする。尊敬する、憎む、好む、など。

形容詞（日本語では形容動詞も含まれる）：高度に抽象された人の特性を示す。高度に解釈的で、特定の行動からは切り離されている。正直だ、優しい、冷たい、など。

これらはヨーロッパ語の観察に基づくが、日本語でもおおむね当てはまると考えられる。[31]なお、他人については名詞で表現する方法もある。たとえば、「山本さんは善人だ」「吉田さんは頑固者だ」「上田君は偽善者だ」のような表現である。こうした表現は形容詞によるもの以上に固定的である。その人の性格を表しやすいと感じられる傾向がある。[32]

予想通りの行動か

ところで、誰かの行動は、自分の予想通りのときもそうでないときもある。予想通りなら、それはその人の性格を反映したものだと見なされやすいだろう。そうすると、前項の「嫌った」cや「意地が悪かった」dのような抽象的な表現がなされやすくなる。一方、予想を裏切る行動であれば、それは何かその場の事情によるそのとき限りのもの、と感じられる可能性が高い。そこで「叩いた」aや「いじめた」bのような具体的な言い方が選ばれやすくなる。

さて、人は一般に自分が所属する集団（内集団）のメンバーについては、望ましい行動をするだろうという予想を持ちやすい。そこで、望ましい行動については抽象的な言い方が選ばれやすい。逆に望ましくない行動は予想に反するので、具体的な言い方で描写されやすくなる。一方、自分が属さない外集団に関しては逆に、望ましくない行動を予想しやすくなるので、そうした行動は抽象的に描写される傾向になる。そして望ましい行動は予想外ということで具体的に描写されるというわけである。これらを「言語の予期バイアス」と呼ぶ。この結果、内集団の人物の行動は、望ましいものはその人の性格を表しているが、望ましくないものは気まぐれのもの、と見られることになる。外集団の行動はその逆になる。このことで内集団をひいき目に描写することになる。(33)

このようなバイアスは、話し手自身があまり意識していないレベルでも現れることがある。イタリアでの研究で次のようなものがある。ムスリム原理主義者については、それを表向きもはっきり嫌うし、彼らの望ましくない行動を抽象的に表現する、つまり、表だった表現と予期バイアスの傾向が一致していた。しかし、ユダヤ人に関しては、表向きには好意的な意見を表明していても、望ましくない行動は抽象化して表現するという傾向が見られた。実験参加者がユダヤ人に対してネガティブな態度を抱いており、それを隠そうとしても（あるいは本人も気づいていなかったのかもしれないが）、述語表現に反映された可能性がある。(34)

偏見との関わり

このような述語の使い分けは、日常社会の偏見とも次のように関わってくる。たとえば、「中村さんは無能だよ」「太田君は過激派だ」というように、人の望ましくないという感じの行動を形容詞や名詞で表現する。そのことで話し手自身の偏見も固定的になっていく可能性があるし、それを聞いた人も、マイナスのイメージについて強い印象を持ってしまう。

外集団に対する偏見もこのようにして拡散していく。たとえばZ国の男たちが店で店員に不満を言っているようだった。ただ、日本語が得意でないせいかもしれないが、少しことばが不自然だった。こんな場合に、「Z国人が店員に大声で話してたよ」（描写行為動詞）と言わずに、「Z国人が店員を怒ってたよ」（解釈行為動詞）、さらには、「Z国人は乱暴だよ」（形容詞）、「Z国人は乱暴者だよ」（名詞）と表現してしまう。

このように外集団の人のたまたま目にしたよくない行動を、その人の性質のように表現する。そしてそれを耳にした人も、具体的な根拠を吟味せずにそのような見方を共有する。これは外集団に対する偏見の源泉となることがお分かりだろう。

役割語

もう一つ、偏見が意外なところでことばづかいに反映している例を紹介しよう。

わたくしもそんなふうに思いますわ。お母様、ずいぶんご苦労なさってよ。
わしがそこにおる助手に手伝わせて、この装置を発明したんじゃよ。
僕はこのおもちゃで遊ぶんだ。君にも貸してあげるよ。

これらは、「博士」「少年」「お嬢様」のいずれかの台詞《せりふ》である。いずれであるかはおのずと明らかであろう。金水はこうしたことばづかいのステレオタイプのことを役割語と呼んでいる。(35)しかしこれらは実際の話しことばをそのまま描写したものではない。金水も指摘するように、こんな話し方の「博士」「お嬢様」は、実際にはまあいないだろう。それぞれ「こんな話し手ならどんな話し方をするか」というステレオタイプに基づいたものである。役割語はテレビの時代劇や外国ドラマの吹き替え、マンガの台詞などさまざまなところに出現する。それ自体は何の問題もない。しかし、次のような場合はどうであろうか。

記者：今回のレースはどうでしたか。とくに、トーマス選手を意識しましたか？
ゴードン選手：そうだなあ、あいつはオレに的を絞って練習してきたっていううわさだぜ。
オレもどうしたって負けられなかったよ。

記者会見で、あるアメリカの黒人男性アスリートがこのように「話して」いたとしたら……。アメリカ人が日本語で話すわけがない。いうまでもなくこれはテレビの字幕である（現実のものを参考に筆者が作成）。ただ、文末の訳し方に注目してほしい。

いうまでもないが、英語には文法体系としての敬語はない。このような話し方の翻訳はあくまでも乱暴な男性という「役割語」的なものである。

日本人の男性アスリートがインタビューに答えるのを見ていると、ほとんどの場合「です」「ます」を伴った丁寧体を使っている。何年か前に、インタビューにため口で答えていた若いボクシング選手がいたが、彼はずいぶん顰蹙《ひんしゅく》を買った。それなのに外国人の選手の発言の翻訳がぞんざい口調になるというのは、明らかに偏見の反映である。黒人アスリートであれば、よけいにそうした偏見を反映している可能性がある（ご丁寧なことに、右のインタビューでは、記者の質問は、これも英語なのに丁寧体で訳出されている）。そして、それをテレビ報道などで見る視聴者たちにも、「外国人選手、とくに黒人選手は乱暴」というような偏見が植え込まれていくおそれもある。

以上のように、偏見は露骨な言い方だけではなく微妙な表現の中にも反映される。後者は意識しないうちに広まっていくおそれもあり、ある意味ではより警戒が必要であるといえるだろう（注7—3）。

注7—1：ポリティカル・コレクトネスに"political"という修飾語があるのは、これがもともとはイデオロギー的に正しいやり方に従う、という意味で用いられたからである。現代ではその意味合いは失われている。ただ、この表現には当初から揶揄的なニュアンスがあった。(36)
注7—2：ロシアの生理学者パブロフ（Pavlov）によって解明された条件づけ。もともとの刺激

（無条件刺激）と連合して引き起こされていた反射（無条件反応）が、その無条件刺激を別の刺激（条件刺激）と組み合わせて与えることで連合形成がなされ、後者によっても引き起こされる（条件反応）ことを言う。この場合、無条件刺激は対象O、条件刺激は語y、そして差別感情が無条件反応、条件反応である。

注7―3：これらのように、偏見が本人の意識しない形で表出される場合というのは、意図の分析（表4―1）でいえばV（見抜かれ）に近い。ただしここで「見抜く」のは一般の聞き手の直感ではなく、研究者の分析ということになる。

（4）ヘイト・スピーチ

近年、マイノリティに対する露骨な悪意のコミュニケーションとして問題になるのが、ヘイト・スピーチ（hate speech）である。差別的なことばを露骨にわめき立てる。もちろん、直接的な言明による攻撃であるし、差別感情に関して意図明示的であることはいうまでもない。hate speechという語は一九八〇年代にまずアメリカで広まった。前節で述べたポリティカル・コレクトネス運動の一環としてのものである。そこではアフリカ系やユダヤ系住民に対する差別や暴言などがとくに問題となった(37)。日本でこの語自体が普及したのはごく最近で、二〇一三年の「流行語大賞」のトップテンに選ばれている。しかし在日コリアン、中国人などに対して

のヘイト・スピーチ自体はインターネットの普及とも相俟《あいま》って、それ以前から顕著になっていた。(38)

ヘイト・スピーチの定義

ヘイト・スピーチは国連の人種差別撤廃委員会の「ヘイト・スピーチに関する一般的勧告35」(二〇一三年八月)において、「『特定の人種的または民族的集団を攻撃するスピーチ』『人種原則の核心である人間の尊厳と平等を否定し、個人や特定の集団の社会的評価を貶《おとし》めるべく、他者に向けられる形態のスピーチ』と表現」されており、「人種主義的ヘイト・スピーチはその後の大規模人権侵害やジェノサイド(引用者注:genocide 大量虐殺)につながることを強調している(39)」。

なお、この定義では、とくに社会の中でのマイノリティへの攻撃が念頭に置かれている。第4章で扱った直接的攻撃や非難の表現は(もちろんヘイト・スピーチにも用いられるが)、それだけではヘイト・スピーチとはいえない。また、マイノリティがその国で支配的な多数者集団に対して(たとえば在日の外国人が日本人に対して)非難のことばを浴びせかけるとしても、それはヘイト・スピーチにはならない(40)。

関連して、**ヘイト・クライム**(hate crime)ということばもある。このヘイト・クライムが「有形力を伴う」、つまり暴力、破壊活動、強奪さらには殺人などを指すのに対し、ヘイト・ス

ピーチは「有形力を伴わない」と考えられている。(41)ただ、この区別は絶対ではない。(42)

日本のヘイト・スピーチ

日本でのヘイト・スピーチの状況を見よう。一つの事件として大きく報道されたのは、サッカー、埼玉スタジアム2002での「JAPANESE ONLY」の事例である。

ただ、ヘイト・スピーチとして最も顕著なのは、在特会（在日特権を許さない市民の会）を中心としたものであろう。在特会がそのターゲットとするところは、「特権」の持ち主とされる在日コリアンのほか、在日の外国籍の人々、そして韓国、北朝鮮、中国等である。このほか、日本人、たとえば部落解放同盟や日本教職員組合もターゲットになる。ネットでの嫌悪感の表明は沖縄県民、広島の被爆者、福島の原発被災者や水俣病《みなまたびょう》の被害者までにも及ぶという。(43)

在特会は大阪鶴橋《つるはし》や東京新大久保のように、在日コリアンの商店街が多いところなどに押しかけて街宣活動をする。「チョンコ！」「朝鮮人！」「チョンコどもに、なんで日本人の税金を使われなくちゃならないんですか！　とっとと祖国に帰れっ！」(44)など聞くに堪えない差別的な罵詈雑言《ばりぞうごん》を大音声で浴びせかける。

京都朝鮮初級第一学校に対しては、隣接している公園を運動場として「不法占拠」しているとして、二〇〇九年に在特会等が激しい街宣活動を行った。「朝鮮学校、こんなものは学校でない」「犯罪朝鮮人」「キムチ臭い」等々、あるいはこれ以上の口汚い攻撃が行われるなどし、

「校内にいた約一五〇人の子どもたちの一部は恐怖で泣きじゃくり、パニック状態になった」[45]。このような攻撃は三回も繰り返された。

また、徳島日教組に対しては、二〇一〇年四月、募金の一部が朝鮮人学校に送られたことについて、「募金詐欺」であるとして攻撃が向けられた（注7―4）。奈良水平社（部落解放運動に関わる）も、「コリアと日本」という特別展示を行ったとして攻撃された[46]。

政府は二〇一五年になって、ようやくヘイト・スピーチの実態調査に着手した。それによれば、二〇一二年四月から二〇一五年九月の間に合計一一五二件が確認されている。テーマの「大多数が拉致《らち》など外交問題などに関するもの」とされる[47]。

ヘイト・スピーチの不当性

このようなヘイト・スピーチは、三つの意味で不当であると考える。第一に言明内容がひどいもので、大音声など言明のしかたも尋常ではない。第二に事実関係の誤り（意図的な虚偽にせよ誤解にせよ）がある。第三に攻撃のターゲットがずれている。第一の点は前述の例からも自明であろう。第二、第三は次のようなことである。

在特会の名称でもあり、メンバーが中心的に非難を向ける「在日特権」には、永住権付与、生活保護における優遇、日本名を名乗る「通名制度」などがある。しかし、安田はこれらには事実誤認であるものもあるし、事実であっても歴史的経緯から考えて決して「特権」とはいえないと指摘する。永住権付与には第二次世界対戦前の日本の朝鮮半島への植民地政策という事情が関連している。「通名」は戦前朝鮮総督府が施行した「創氏改名」の制度に由来し、朝鮮名では差別される可能性があるなどの懸念から現在も使われているものである。[48] この点、大沼も同様の指摘をしている。[49] また、在日コリアンの生活保護の受給世帯の比率が日本人世帯より高いことは事実だが、これは日本人より生活困窮者が多いためであって、在日コリアンが優遇されているわけではない。[50]

また、仮に何らかの事実上の問題があるにしても、ターゲットの選択が全く正当でない。たとえば、日本人拉致の問題であれば批判は北朝鮮政府に向けられるべきである。その矛先を一般の在日コリアンに向けること、とくに責任があるとはとうていいえない朝鮮学校の児童たちに向けるようなことは、許されることではないだろう。

ヘイト・スピーチを行う人々

それではどんな人々がヘイト・スピーチに参加しているのか。安田のリポートには、「二八歳のOL」「三九歳の自動車整備工」など、在特会デモに参加する何人かとのインタビューも紹介されている。前者についていえば「『もともと政治になんか興味がなかった』……イデオロギーとは無縁の『普通のOL』」であったが、「外国人との間で婚姻関係がないままに出生した子どもであっても、親が認知すれば日本国籍の取得が可能に」なった改正国籍法（二〇〇九年一月施行）に疑問を持ち、「国籍法について、ネットで夜通し調べ」、そこでは「日本人の〝純血性〟を訴える保守派の主張が幅を利かせていた」ので「国はどうあるべきか……そうしたことを真剣に考えるようになった」[51]。これらの人たちの話しぶりは穏やかで、まさに「普通の人々」という感じを与える。また、安田のインタビューによれば、在日外国人に対する（誤解や偏見に基づいた）怒りが直接の動機になっているとはいえ、「デモや集会の現場で多くの仲間と交流を重ねるなかで、ようやく『安心できた』」と述懐する会員がいる。安田は「何度か、デモを終えたあと、会員たちが連れだって居酒屋で打ち上げを楽しむ姿を見た」とも述べている[52]。スピーチが与える衝撃とは裏腹に、お楽しみサークルのような雰囲気を感じさせるものがある。

なお古谷が「インターネット上の保守的な傾向のあるユーザー」一〇一〇名に対するアンケートの結果を報告している。古谷によれば、このようなユーザーは「四年制大学及び大学院卒業以上が回答総数の六〇％以上を占めるなど高学歴傾向が強」く、「平均年齢は三八歳」「年収の中央値は四五一万円であり、これも同世代の平均年収約四二一万円とほぼ近似しているか、若干高」く、また職業で最も多いのは自営業であり、「無職・ニート」は三％、また「居住地は首都圏が最も多く全体の半分を占め、関西、中京といった大都市圏が続く」という[53]。

香山はネットでヘイト・スピーチを繰り返すメンバーの中に、「外資系企業のマネージャー、会社経営者、大学教員、医師、弁護士など。学歴エリートであったりリッチな生活を送って」

いるような人が「少なくない」と指摘している。[54]

古谷の調査対象が右のようなネットでのヘイト・スピーチの発信者や在特会のデモの参加者とどの程度重複するかは不明であるが、このような結果は、「ネトウヨ」（ネット右翼）は特定の人々、たとえば教育を十分に受けられなかったり、仕事に恵まれず収入が低いなど、社会的に不利な立場にある人々だというイメージを覆すものである。

「自明の理」を否定されると

今まで当たり前である、自明の理であると考えていたことが否定される。そうすると「へえ、そうだったのか」と思ってしまう。たとえば、「毎食後の歯磨きは健康に悪い」「精神疾患は伝染する」というような、これまでの常識を否定するような議論を耳にすると、参加者はそれに説得されてしまったという実験結果がある[55]（念のため付言すれば、この実験の例では常識のほうが正しい）。というのは、自明の理が否定されても、それに対する反論も耳にしたことはないし、考えたこともないからである。したがって「免疫」ができていないから簡単に納得してしまうことも多い。そして、自分が耳にしたことがない話は、他の人も知らないだろうと予想される。そうするとみんなに話したくなる。このため話題が次々と広まりやすい可能性もある。

安田はヘイト・スピーチの参加者の中に「日本のマスコミは左翼偏向ですよ」と訴える一四歳の中学生少年がいたという。[56] この少年や前述の二八歳の「普通のＯＬ」など、これらの人たちも免疫のないままに、偏った見方に翻弄《ほんろう》されてしまった可能性が高い。

このような説得に影響されにくくするためには、やはり「予防接種」が有効であることが分かっている。つまり、あらかじめそうした議論があることや反論を考えさせておくことである。これを「接種理論」という。危険だから情報にさらさないという「純粋培養」は危険である。

政治家とヘイト・スピーチとの相互依存

最近、いわゆる右寄りの政治家の間に極端な発言が見られることがある。安倍首相自身の発言も歴代自民党の政治家の中でも際だって国家主義的であるし、歴史修正主義的であるとされる。国会の審議中に民主党（当時）議員に対して、日教組とのつながりを批判する事実誤認のヤジを飛ばしたこともある。こうした発言が、ヘイト・スピーチの参加者に対して、間接的な支えとなっている可能性がある。首相が言っていることは生ぬるいと感じれば、もっと極端な物言いをすることも助長しかねない。たとえば「首相でも日教組を中傷するのなら、我々はもっと強く主張できる」と考えるわけである。

一方、在日コリアンなどに対するヘイト・スピーチによる極端な非難は、通常であれば国家主義的で相当に右寄りと見なされるような政治家、たとえば首相やその周辺のコメントを「解毒」する作用もあると思われる。「世の中にはもっと極端なことを言う人がある。それに比べれば安倍首相はまだマシだ」という印象を与える。それに安倍氏自身もヘイト・スピーチには批判的な見解を表明している。これは一国の首相としては、少なくともタテマエとして当たり前のことである。しかし、それも首相のスタンスを相対的には穏健なものに見せる効果がある。このような意味で、右寄りの政治家たちとヘイト・スピーチを口にする者たちの間には、意識的ではないにせよ相互依存的な関係が形作られている感がある（注7—5）。

もっとも石原慎太郎元都知事のように、「不法入国した三国人、外国人が非常に凶悪な犯罪を繰り返している」（二〇〇〇年四月九日、陸上自衛隊記念行事において）(57)というような、明らかな差別発言をはばからない「大物」政治家もいないわけではないが（注7—6）。

インターネットと攻撃

先に述べたように、ヘイト・スピーチと関わりが深いといわれるのがインターネットである。そこでも、在日コリアン等をターゲットにした攻撃的言動が続いているわけである。

たとえば「2ちゃんねる」のあるサイトを見ると、在日コリアンに対する口汚い非難が、「在日チョン」「在日朝鮮猿ども」「ゴキブリ」といった差別語を交えて書き連ねられている。在特会のデモの参加者にとってもインターネットがさまざまな（歪んだ）情報源となっているわけだし、集まりに参加するきっかけともなっている(58)。

ヘイト・スピーチに限らなくとも、ネット上での攻撃は激しい。投稿者がその内容に関して多くの人から激しく非難されることもある。「炎上」である。

ここで、前章で列挙したインターネットの諸特徴を思い起こされたい。即時性やタイプされた文字という特徴のほか、視覚的匿名性、(非)同期性、新しい自分の創出などがあった。攻撃を高めている原因として誰でも思い当たるのが、インターネットの視覚的匿名性の影響であろう。多くのインターネットでは投稿者が匿名で特定できない。したがって攻撃を加えても自分に仕返しや非難が及ばない。

しかし、ネットで互いに顔が見えない環境に置かれていることには、それ以外にも攻撃をエスカレートさせる要素があると考える。ネットでは攻撃を加える相手も見えない。相手からその場で反撃を受けるおそれがない。さらに、相手の痛みや苦しみも身近に感じにくくなる。人はこうした状況では残酷になりやすい。このことも攻撃を強めることへの抵抗を低めるだろう。

インターネット世界での「新しい自己」の創出も、マイナスに働きうる。ネットでの「ふだんとは異なった自分」は、対面状況では見られない「残酷な自分」ともなりうるのである。

また、ネットの非同期性のお陰で、ゆっくりとメッセージを練ることができる。そのさい、他人の意見は参考にできるが、自分が関心のある、同じような意見の集まるサイトばかりに注目しがちになる。とくに、自分の支持する考え方が集まるようなサイトである[59]。そうすると「皆」からの支持を得ることができるから、極端な意見はさらに極端化するおそれがある。このとき他者のコメントのコピペも利用できる。そして、こうした内容はブログなどで広範囲にばらまかれる。

その一方でネットには、メッセージがその場その場で発信できるという特徴もある。見聞きしたことをよく考えもせずにその場で送信できる。これはゆっくりとメッセージを練るというのとは逆な方向である。生煮えのメッセージを発信してしまうおそれがある。しかも一斉送信が可能だから、相手は一人に限らない。そして即時性は、非難を気楽に広めていく主要な要因になっていることも間違いない。

ただ、インターネットはそんなに信頼性が高くないことは、多くの人が感じている。誰からなのか分からない当てにならない情報を目にしても、なんでもすぐに鵜呑《うの》みにして広めるわけではない(60)。しかしながら、前述のように自分の同意できるような情報が集まっているサイトに注目している場合なら、そこに示された情報であれば誰だかは分からなくても、ともかく「仲間」だから信用しようという気持ちになる。そしてそこで得た情報を自分もネットに載せる。第3章で説明した仮説検証バイアスである。

その場合、事実かどうか分からなくてもコピペすることもある。そのまま広く伝えるのであれば、ツイッターのリツイート機能はうってつけである。とはいっても、全く同じことが伝わるとは限らない。そこにさまざまな解釈を加えて、変容していくこともある。東日本大震災のさいの「石巻の外国人犯罪」に関しても、「中国人強盗団が石巻市新橋に出現……他にも外国人と思われる人が警察官一名を刺殺」「外国人窃盗団が横行……さらには強姦も相次いでいるらしく」「ガソリンスタンドもコンビニもガラスは割られ……」等のバリエーションが報告されている[61]。本章冒頭に挙げたものもその一例である。ネット上でうわさが広まる場合、口頭でのうわさの広まりとは異なった特徴を有しているのである。

このほかにもネットでの攻撃には、ネットならではの特徴がある。特定の相手に反論するときには、コピペによって、些細なことば尻《じり》を捉えてあげつらうようなことも可能になる。互いにけんか腰になっていく過程には、このようなコピペが一役買っているとされる[62]。

さらに、ネットの記録性という問題がある。こうした攻撃的言動がいつまでも残る。検索ソフトを用いれば、それらを取り出すことが容易である。攻撃の被害者はいつまでもそこから逃れられないことになる[63]。

こうして発信されるものの中には、外国人などマイノリティへの偏見に基づいた、でっち上げや歪曲も生じる。これはまさに差別、ヘイト・スピーチの温床となるわけである。

虚偽を広める

嘘をつきやすい性格として、**空想的虚言癖**がある。このような性格の人は、自分で嘘をついても、それを事実として信じ込んでしまうとされる[64]。

ただ、虚偽の内容を話し手が信じ込むというのは、こうした特別のケースに限らないし、人が口にするのは確実なこととは限らない。完全に間違ったことをよくたしかめもせず信じているという場合もある。これを真実だと思って誰かに話せば、間違ったことがらが広まってしまう。

さらに、それほど確信がないこと、たとえば誰かから聞いたうわさ話のようなこと、インターネットでちょっと目にしたけれど記憶が曖昧なことなど、他者との会話の中で口にするかもしれない。その中には相手に誘導されたものもあるだろう。

相手のことばづかいから誘導されたり、相手の意向に合わせて何かを口にしたりすれば、その場合に記憶が話した方向に歪んでいくことは、本章の第1節でお話ししたとおりである。

こうしたことから次のような予想もできる。友人が、

W国人を最近多く見かけるけど、なんか不審な感じだね。

と言った。そこでネットで見たような気がある話として、

そういえば、この間も女性がW国人にレイプをされたっていう話だよ。

と相手に合わせてたしかめもせず口にする。しかしこれは実際は日本人の犯罪であった。

このようにして事実ではないことを事実と思い込む、そしてそれをあちこちへ広めていく可能性が高い。もちろん「早く多くの人に知らせなければ大変なことになる」という、純粋な善意によって伝えている人も含まれるだろう。しかしそうであっても、いやそうであればこそなおさら、こうした情報はいっそう拡散しやすくなる。

ヘイト・スピーチには事実でないことが含まれている。この中には意図的な嘘もあるだろうが、他者とのやりとり、とくに同じような考え方の人たちとのコミュニケーションの中で、よ

くたしかめもせずに信じ込んでしまったという内容も多いものと推察される。

ヘイト・スピーチの害悪

ヘイト・スピーチが、その被害者に甚大なダメージを及ぼすことは想像に難くない。ヘイト・スピーチを含めたヘイト・クライムの影響については、諸外国で研究がある。ある研究ではヘイト・クライムでは通常の犯罪に比べて、マイノリティの被害者はショック、恐怖、抑鬱《よくうつ》、不安・パニック発作、自信喪失、被害を受けやすいという感覚、睡眠障害といった心理的影響が生じやすいことが指摘されている。(65)

ヘイト・スピーチのもう一つの問題点として、それが社会全体に偏見を広めることがある。(66)ヘイト・スピーチで特定のマイノリティを攻撃する。その中には根拠を欠く内容、事実とは全く異なる内容も多く含まれている。しかし、これらを耳にした人は、ここまでひどいことを言われる集団なのだから、何かそう言われるだけのことはあるはずだと考える可能性がある。仮にヘイト・スピーチ自体のやり方自体には批判的であっても、そのような内容の一部は真実と思い込んでしまうかもしれない。そうしたことを通じて、マイノリティへの差別的な見方がマジョリティの中でより一般的になってしまうおそれがあるわけである。

社会全体へのさまざまな悪影響は、実験によっても確認されている。ある実験では、討論に負けた黒人が"Nigger"と呼ばれた場合、この黒人の評価はより低くなった。(67)影響はそれに留まらない。ターゲット以外にも及ぶ可能性がある。別の実験では裁判の場面で黒人弁護人が差別的言動を受けた場合、その黒人が弁護する被告も、よくない評価を受けた。(68) このようなことから、「ヘイト・スピーチは困ったものだが言われる側にも問題がある」という雰囲気を蔓延《まんえん》させてしまうおそれもある。偏見が広まれば、差別はより激化しかねない。虐殺のようなひどいヘイト・クライムの背景にもヘイト・スピーチがあると指摘されている。(69)

対策の現状

このように、ヘイト・スピーチは悪質である。もちろん、その現状が全く放置されているというわけではない。京都朝鮮学校に対する攻撃は、刑事事件として扱われ、加害者は侮辱罪や威力業務妨害、器物破損罪で有罪判決（執行猶予付き）が確定したし、民事訴訟でも街宣活動の禁止と計一二〇〇万円余の賠償命令が下されている。(70)

サッカーの「JAPANESE ONLY」に関しては、この横断幕を掲げたサポーターへの入場停止処分を行う、また浦和レッズに対しては一試合の無観客試合を課するという処分が行われた。(71) これ自体は事件後一週間を待たずして行われており、迅速であったと言ってよい。これは、サッカーにおいては世界各国で民族、人種差別が問題になることがあり、ヘイト・スピーチに対しても厳しい目が向けられているという状況がまさに反映したものと考えられる。

ただ、日本政府は対策に積極的とはいいがたい。ヘイト・スピーチなどに関連する国際的な取り決めとしては、人種差別撤廃条約がある。この第四条のa、b項はヘイト・スピーチを含むヘイト・クライムを法律で処罰することを求めている。日本はこの条約に加盟しているのだが、その部分の履行を留保している。(72)

そして日本では二〇一六年になるまで、人種差別、ヘイト・スピーチ規制、ヘイト・クライム規制のいずれに関しても法制度がなかった。このため二〇〇一、二〇一〇、二〇一四年と国連人種差別撤廃委員会から、法整備を求める勧告を受けてきた。(73)

規制慎重論の根拠

日本政府がヘイト・スピーチの法的規制に慎重な理由は、「正当な言論までも不法に萎縮《いしゅく》させる危険を冒してまで処罰立法措置をとることを検討しなければならないほど、現在の日本が人種差別思想の流布や人種差別の煽動《せんどう》が行われている状況にあるとは考えていない」(74)ということである。そして新規の法の制定による規制についても消極的であった。こうした慎重姿勢は憲法学者にも見られた。(75)

表現の自由を重視すべきという人たちの論拠として、師岡が挙げている論点の主なものを筆者なりに整理すれば次のとおりである（師岡自身は法規制賛成の立場(76)）。

①権力が表現の自由を弾圧した歴史を踏まえる必要があり、安易な規制はできない。

②ヘイト・スピーチにも「重要な意見表明の一面」がある。

③「不特定の集団に向けられ」ているので個人の攻撃よりは「害悪が希釈化し、被害の程度が軽い」。
④「差別する人の心は（法規制では）変えられないから、啓蒙《けいもう》や教育で対処すべき」である。
⑤ヘイト・スピーチは、「社会の安全弁（鬱憤晴らしの）としての役割」を持つ。
⑥言論には対抗言論で対処すべきである。

「所詮ことばの問題」ではない

しかしこれらには当然反論がありうる。師岡はたとえば、①の表現の自由にも制約がありうると論ずる。また、ヘイト・スピーチは罵倒の並べ立てに過ぎず、②の「意見の表明」の域を逸脱している。⑤の「安全弁の機能」については、「そのためにマイノリティらに言葉の暴力のサンドバッグになるのに耐えろと主張しているに等しい」と強く批判している。また、⑥についても、「マイノリティ自身が社会の内部で平等な議論の主体として参加しうる条件が整っていない」とする。(77)

こうした反論はいずれももっともと思われるが、筆者は法律は専門分野でもないので、そこにはこれ以上踏み込まないことにする。ただ、「言語の心理学」という観点から見ても、現状は不十分という感を持たざるを得ない。ヘイト・スピーチを深刻に捉えない議論の背景には、「ヘイト・スピーチは所詮ことばの問題」「ダメージといってもたいしたことはない」という感じ方があるのではないか。この点を③の「ヘイト・スピーチは不特定の集団に向けられているから、個々人への害悪は希釈される」という議論について考えてみる。

一般の罵詈雑言、たとえば「バカヤロウ！」とか「オカチメンコ！」というようなものでも、そのターゲットには不快なものであり、傷つけられるに違いない。しかし、こうしたことばを赤の他人から浴びせられる場合なら、「加害者は被害者の実情を認識しておらず、言明内容が事実とはかけ離れたものである」とも解釈できるし、被害者の本質的な属性を傷つけていると は感じずに済むかもしれない。身体的危険を伴うというのなら話は別だが、そうでなければ一時的なものとしてやり過ごせるだろう。

だがヘイト・スピーチで、あるマイノリティ集団を攻撃するということは、その集団の個々のメンバーのアイデンティティを攻撃することにつながる。自分が属するさまざまな集団、すなわち家族、近隣コミュニティ、会社、学校、地域サークル等々はアイデンティティの象徴となりうる。人はそうしたものを高く評価することで、自らの自尊心を保とうとする。(78) たとえば在日コリアンにとって自分の属する民族は、そこで生まれたときから家族とともにそこで過ごし、近隣の人、友人などとの中で成長してきた過程と密接に結びついている。実際簡単に離脱できるようなものではなく、アイデンティティの象徴としてもとりわけ重要な意味を持つ。単にいわれのない暴言を浴びせられたのとは、衝撃は比べものにならないだろう。

そして、直接自分が攻撃対象ではないとしても、メンバーは非常な恐怖感を覚える。安田によれば、コリアンに対するヘイト・スピーチに関して、ある韓国人留学生（女性）は「このまま日本で暮らすのが不安でしかたない」と口にしたという。また安田は在日コリアンの女性ライターが「朝鮮人首吊レ毒飲メ飛ビ降リロ」といった「スローガンを目にした途端、体が硬直したように動かなくなってしまった」例も紹介している。[79]

さらに、ヘイト・スピーチでは攻撃者は集団で次々とことばを浴びせるわけだから、一人が罵詈雑言を浴びせたという場合よりはずっとインパクトは大きい。被害者はその場では何十人かの集団でスピーチに接したとしても、個人個人として攻撃者に接する機会があるという恐れも感じるだろう。とりもなおさず、自分にもことばが向けられていると感じるのである。ヘイト・スピーチによる害悪は「希釈」され得ないだろう。

法制化は実現したが

このようななかで二〇一五年になってようやく、国会でも法制化の検討が始まった。民主党（当時）等野党側が国会に、「人種等を理由とする差別撤廃のための施策の推進に関する法律案」を提出した。これは人種等を理由とした差別的取り扱いとともに、「人種等の共通の属性を有する不特定多数の者に対する差別的言動」、すなわちヘイト・スピーチを禁止するものである。罰則規定はなかったが、内閣府に設置する「人種等差別防止政策審議会」が政府の責任でヘイト・スピーチに取り組むことが唱《うた》われていた。しかし、この法案には与党の自民党が

「表現の自由を不当に侵害するおそれがある」などと消極的で、結局成立しないまま継続審議となった。

しかし翌二〇一六年になって与党側も妥協の姿勢を示し、対案の「本邦外出身者に対する不当な差別的言動の解消に向けた取組の推進に関する法律案」を国会に提出、結局この法案が、野党の提案した付帯決議も加えることで、ほとんどの会派の議員の賛成で成立した。

この法律は「専ら本邦の域外にある国若しくは地域」の出身者やその子孫に対する不当な差別的言動の「解消の必要性に対する理解を深める」ということを基本理念とし、国や地方公共団体に「差別的言動の解消に向けた取組に関する施策」を講ずることを求めている。施策としては相談体制や教育活動、広報などの啓発的活動が挙げられている。ただ、継続審議の野党側の「人種差別撤廃推進法案」のほうは否決された。成立した法律では差別の対象が限定的で「人種差別」の文言もないし、罰則規定はもとより、禁止規定も欠いている。(80)

この法律はどの程度実効性があるのだろうか。師岡は成立直前のラジオ番組でのインタビューで、法律化されることでヘイト・スピーチ参加者に対しても抑制効果をもたらすであろうし、取り締まりの現場の警察官の姿勢も変化させるだろうから、一定の効果はあるだろうと指摘する。しかし師岡は同時に、これだけでは不十分であり、ヘイト・スピーチの対象を(現在の法律の文言では対象とならない)アイヌ、沖縄県民、オーバーステイの外国人等に広げることや、罰則規定を設ける方向で見直す必要があるとも語っている。(81)

六月三日の施行に先立ち、横浜地方裁判所川崎支部は、過去にヘイト・スピーチを行っていた団体について、「在日コリアンの男性が理事長を務める社会福祉法人から半径五〇〇メートル以内でのデモを禁止する仮処分決定を出した」。[82] これは法律の施行を念頭に置いてのものと捉えられている。しかし今後の経過は慎重に見守る必要があるし、もちろん積極的な修正の検討も進められるべきであろう。

ヘイト・スピーチを軽く考える理由としては、自分の問題と考える必要がないから、当事者の視点に立ちにくく、その苦痛を十分に想像できないということがあるものと思われる。ここにも、社会的認知のバイアスが介在しているのである。

注7—4：師岡によれば、朝鮮人学校に関しては募金文書に使い道としてきちんと記されていた。[83]

注7—5：在特会のメンバーの中には、安倍首相とのツーショット写真をホームページに掲載して、関係を強調した者もいるとされる。首相が相手の真の所属を知って撮影に応じたものでないにしても、在特会側の格好の宣伝材料となっているといえる。[84]

注7—6：石原氏のこの発言は内容全体が差別的で問題であると思われるが、当時とくに「三国人」が議論を巻き起こした。「三国人」は、本来は—(敗戦国民でも戦勝国民でもないとして）第二次大戦後、日本国内に居住した朝鮮・台湾など旧日本植民地の出身者を指した俗称」（『広辞苑』）を指すが、この表現が差別的であるとして在日コリアンの人たちなどが抗議した。

終章　「悪意のコミュニケーション」と向き合うために

報道の自由そして言論の自由を軽視するような発言、あるいはまた、沖縄県民の皆様の思いに寄り添って負担軽減、沖縄振興に力を尽くしてきたこれまでの我が党の努力を無にするかのごとき発言が行われたものと認識をしております。（略）大変残念であり、そして、そういう沖縄の皆様のお気持ちを傷つけるとすれば申しわけない、このように思っているところでございます。

（安倍首相、『第一八九国会衆議院我が国及び国際社会の平和安全法制に関する特別委員会議事録第一七号』〔二〇一五年七月三日〕に基づく[1]）

本書ではいくつかの「悪意」のコミュニケーションを扱ってきた。まずは悪意が明確ではない「うっかり発言」からスタートし（第2章）、心の中での偏見の発生（第3章）、その具体的な現れとしての攻撃表現（第4章、第5章）について説明した。さらに嘘（第6章）に触れたあと、最後に悪意が社会の中でどのように広まっていくか（第7章）も指摘した。

「悪意」の意図

本書で論じてきたことを、意図の分析との関わりでもう一度整理してみよう。コミュニケーションの意図にはその内容を知らせようとする「情報意図」と、情報意図があること自体を知らせようとする「伝達意図」があった。そして両者が備わっているものが「意図明示（伝達）」であった。その点から何らかの攻撃、非難、虚偽などが話し手から聞き手に伝わった場合に関して、「悪意の程度」を順序づけるとすれば次のようになる。なお、非難等のターゲットは聞き手自身のことも第三者のこともある。

①心の中にないことを聞き手に深読みされた。
②情報意図も伝達意図もないのに、聞き手に立ち聞きされたり、見抜かれたり見破られた。
③情報意図はあるが伝達意図はない。隠意が暗示として伝わった（それとなく伝わった）。
④情報意図も伝達意図もある。推意が意図明示的に伝わった（推測ではっきり伝わった）。
⑤情報意図も伝達意図もある。表意が意図明示的に伝わった（字義通りはっきり伝わった）。

これは表4—1の順序を逆にした形になっている。そして話し手の側がターゲットにダメージを与えようとする悪意（効果意図）は、あとになるほど大きくなっている。

ヘイト・スピーチは攻撃が露骨なだけでなく、その内容には虚偽も含まれる。⑤の中でもタチが悪いものである。これは序列づけのとおりであろう。

ただ、「京都のぶぶ漬け」のように、推意や隠意による伝達にもかなり意地の悪いものもある。それに、話し手側の意図と聞き手によるその解釈には齟齬がありうる。話し手はやんわりと伝えたつもりが、聞き手はそこに皮肉を感じる場合や、話し手がうっかり言ってしまったことを聞き手は悪意の意図明示ととる場合もある。ときには全然悪気のないコメントが悪意と誤解される可能性もある。話し手はさして悪意がないつもりでも、聞き手が強い悪意を感ずることもあるわけである。①〜⑤の序列が単純に話し手・聞き手の感ずる悪意の程度と対応するとは限らないことも多い。とくに聞き手がターゲットのときは、ズレが大きい可能性がある。

どう対処していくか

さて、悪意といってもさまざまの現れ方がある。それに応じた個々の問題への対処法については各章で述べた。ただ、人を攻撃、非難、批判するという問題はいくつかの章に関連していた。ここではその点について、個々の章で扱いきれなかったことを考えていこう。

本書で論じた攻撃的な行動の中には、法律での処罰等も含めて、積極的に対処していかなければならないものもある。セクハラ、クレーマーの悪質なものやヘイト・スピーチなどはその最たるものであろう。

しかし、むしろやっかいなのはそれ以外の場合である。まず、第2章で述べた「うっかり発言」がある。さらには、どうしても何かの不満や批判をぶつけたいという状況も存在する。そうしたときにはいかにすべきだろうか。これらのとき、少なくとも、ひどい悪意の送り手にならないように意識することは必要だろう。

ほんとうに「うっかり」なのか

まず、「うっかり発言」から考えよう。うっかり適切でないことを相手に伝えてしまう。しかし、第2章に挙げた例のすべてを「うっかり」と言ってよいのだろうか、と思われる方もいるだろう。実際、多くの不用意発言の例の中には、意識的に言ったのでは？　と疑われるようなものもある。

そもそも、これらの発言は、「そんなつもりではなかった」と装って故意に言うこともできる。つまり情報意図を持ちながら伝達意図を隠して、暗示として発話するわけである。

さらに、「うっかり」かどうか微妙な場合もありうる。このことを「相手の状況を顧みないような発言」という場合に関して、もう少し具体的に示してみる。

沢井さんの息子が長年職に就けないのに、柳さんが沢井さんに、

私の息子、なんとかS産業に就職が決まりました。上場企業でうれしいですよ。

と話したというケースを考えよう。そのさい、沢井さんの息子が無職だと以前聞いたことがあったけれど、そのことを十分に思い起こすことなく、自分の息子のことを口にしてしまったと

する。そんな場合は、明確な意図（情報意図）はないにしても、全く非がないとも言いがたいだろう。とくに沢井さんに対して何か悪感情があるような場合は、右のように言うさいに、沢井さんの息子のことを抑圧して思い出さなかったという可能性もある。このようなわけで、第2章の「うっかり発言」はすべてに「悪意」がないと言い切れない。政治家の発言などはとくに怪しい。

もちろん話し手が聞き手や第三者への影響を十分に考えず、ほんとうにうっかり言ったとしても、聞き手はそう解釈してくれるとは限らない。むしろ、ことばとして口に出す以上は意図的にそうするのが普通であると暗黙に人々は仮定しているからである。つまり発話は情報意図も伝達意図も有する意図明示か、少なくとも情報意図は有する暗示だろうと考えるし、その影響（効果意図）も念頭にあったと見なしがちであるからである。

また、聞き手が仮に「うっかり」であったと受け取るにしても、話し手がうっかり口に出してしまったこと、さらにはそうした思いを心に持っていること自体が責められることになる。だから「うっかり」であろうとなかろうと、言われた相手がいい感じを持たないことは変わりない。話す側はせいぜい心すべきと思う。

公人の問題発言再考

たとえば、麻生外相（当時）の「アルツハイマー」発言を再考してみよう。これは第三者を侮辱している。聞き手自身に向けられた侮辱の発言ではない。ただ、第三者への侮辱を聞き手に伝えて話を面白く感じさせよう、説得力を高めようというようなことに関しては、完全に意図的である。

その場で口にするのが適切かどうか判断ができなかった、ということで麻生氏はうっかりしていたわけだが、あるいは、まあ口にしてもいいだろうと、曖昧な気持ちを持っていた可能性もある。それに加えて、口にしてはいけないと思っていても、心の中には軽蔑的、差別的な気持ちが潜んでいたことは確実である。そうした気持ちが漏洩してしまったということである。

こう考えていくと、他者への攻撃表現とそんなに違わなくなる。公人の「うっかり発言」だと甘く見られないものがかなり混じっていると思われるのである。立場を考えれば免責されないのは、当然のことである。「悪意がある」と「悪意がない」とはそんなに簡単に峻別《しゅんべつ》できないことが、こうした例からも分かる。そしてそれは公人に限ったものではない。

不本意にも加害者にならない

それでは「うっかり発言」の加害者にならないためにはどうしたらよいか。差別発言などは、発言の根底にある偏見や差別に対して自覚がなければ「うっかり」はやまない。「はじめに」に挙げた「JAPANESE ONLY」は、仮に加害者側がそれほど悪意を有していなくとも許されないだろう。これには偏見や差別に関する考え方を変えていく必要がある。

また、話し手自身の発言がどんな社会的立場で行われるかを、はっきり認識することも必要である。「はじめに」の「震災は大阪にとって天の恵み」発言は内容自体が問題であることはいうまでもないが、本人の立場に関する自覚も欠けていた。いずれの意味でもうっかりだと許されるものではない。

このようなケースは別としても、ちょっとしたことばが相手を傷つけることを避けるためには、第3章で述べた対人的な情報処理の歪みを心に留めておくと有効なことも多いと思う。こうした歪みが誤った判断や偏見につながることが多い。そこで、まずは自分は他者のことを正確に判断できないかもしれないと自覚することが必要である。もちろん、自覚したらただちに正しい判断につながるというものではないが、個々の判断が間違っている可能性を自省することはできるし、それを修正していけるかもしれない。

そのなかでも透明性錯覚やマジックミラー錯覚には注意すべきである。相手の視点への調整が難しいために、相手がどのような状況かを忘れてしまう。これには多くの人が陥りやすい。

たとえば相手の状況を無視して自慢話をすれば、よい感じを与えないことは誰でも分かるだろう。しかし、自分の不幸を言い立てる場合にも、相手は自分のことを分かってくれるだろうとばかり考えず、直接の聞き手はもちろん、周りの人の状況も心に留める必要があることは、第2章で指摘したとおりである。

また、公共性があることを口にするのに、周りには親しい人しかいないと思って、受けを狙って攻撃的言動、軽蔑的言動をばらまいてしまう。麻生元外相の発言もこの類いだが、必然的に公共的になりやすいインターネット環境ではとくに要注意である。マジックミラー錯覚が起こりがちであるし、拡散の度合いが大きいからターゲットへの被害が甚大になる。そして送り手自身も厳しく非難されることになる。

これら二つの錯覚は、その場その場での気配りの欠如に基づくものなので、その点に心を配るのが第一なのだが、そのさい対応する手立てがないわけではない。まず、落ち着いて判断することである。慌てて判断するときは、認知資源を十分に使っていないので錯覚に陥りやすい。(2)公の場で何かをからかって当意即妙を狙う、というのはよくない。そして可能な場合には、実際に口に出すまでに時間を置くほうがよい。

とくに、メールを送る、何か意見などをツイッターやブログに示すというような場合、思ったことをその場ですぐに発信してしまうと失敗する。間違った思い込みなどが不用意に伝わりやすいだけでなく、取り消せずに内容が残ってしまう。「後悔先に立たず」である。少し時間を置いて再考し、そのうえで発信することが肝要であろう。そのようにして内容を整理すれば、他者の視点にも目配りがいきやすくなる。

攻撃、批判をぶつけるとき

仕事のやり方の問題などで、どうしても相手のやり方を批判したいときもあるだろう。また、相手の行動が気にくわないから腹が立つ、何か言いたいということもあるだろう。ときとして何らかの攻撃や批判のことばを他者に向けたくなるのは、人としてやむを得ないと思う。ただ、ここでも落ち着くことである。攻撃行動には、衝動的なものと戦略的なものがある。前者は文字通り「かっとなって」「衝動的に」行うものである。一方後者は、何らかの形で目標を達成するために行われるものである。戦争やスポーツなどはこれにあたる。(3) 日常の怒りの発散は当然前者の形が多いと考えられるが、誰かの振る舞いがよくない、不快なことをするなど不満があるからといって、当の相手に直接怒りをぶつけるようなことは、もちろん得策ではないことが多い。

そんなことをしても相手の振る舞いは変えられないだろうし、相手との関係がよけいにこじれる。相手からの報復もありうる。周囲の人々からのあなたへの評価も下がり、下手をするとあなたがハラスメントをしていると見なされてしまう。誰が見ても相手にひどい非があり、相手との関係が壊れてあとで問題が生じても構わないというような場合（これはきわめて例外的であろうが）を除き、できる限り避けるのが無難である。そこで、衝動的な攻撃を戦略的なものへと転じていくことを心がけるとよいだろう。

以下で、戦略的な方法をいくつか考える。

反対意見を言うなら

同じ課の同僚である河合さんが、この間の会議で事業拡大のための新しい出店計画を提案した。本人はご満悦のようだったが、全くなっていないと思う。最近の景気の動向から見て、失敗は間違いないし会社に損害を与える。計画を変えてもらいたい。

このように相手のやり方が間違っているから反対して修正してもらいたい、というときがある。「建設的」な場合ではある。ただ、その場で腹を立てて間違っている、だめだと文句を言うようなことはまずい。河合さんの顔を潰すことにもなる。そうなると河合さんは素直に納得しないだろうし、あなたとの関係もこじれるおそれがある。

河合さんとある程度信頼関係があるのなら、当人にこっそり批判を伝えるというのは、多くの人の前で河合さんの顔を潰さないという意味で、悪い方法ではないだろう。それで考え直してもらえる可能性も高くなる。ただ、あまり慌ててはいけない。会議の直後に強い調子のメールを、

河合さんの出店の提案は明らかにだめですよ。業績の見通しが甘すぎます。

などと、河合さんに送信するなどというのはよくない。河合さんの視点について気づかない、視野の狭い批判、感情的になるおそれがある。もちろん強く攻撃され、顔を潰された相手があなたを快く思うはずはない。それ以前に、あなたのほうの認知が歪んでいて、間違ったことを言っている可能性もあることを念頭に置く必要がある。

それを避けるためには、まずは時間を置くべきである。第一に、事実関係に間違いがないかを確認する。あやふやなまま言ってあとで不正確だと分かると、それがたとえ本質的な部分ではなくとも、肝心な部分も説得力がなくなってしまう。

そして、自分の考え方を整理して、誰かに一度話してみるというのも一つの方法であろう。河合さんがどんなふうに問題を捉えているのか、またあなたが言うことを河合さんがどう解釈するか、そしてあなたの今の考え方で納得して合意していけるかに関して、示唆が得られるかもしれない。

実際に、相手を批判するとしても、ある程度遠回しの間接化した言い方が望ましいだろう。とくに、会議の席で批判するような場合は、たとえば、

　前回のどなたかの提案で、出店案がありましたけど。あれもいろいろ考えられているし、面白いな、とは思うんですが、ちょっと業績の見通しに難しいところがあるんでは……。

のように表現して、推意やさらには隠意によって言いたいことを伝える。ターゲット自体も間接化するくらいが無難であろう。

遠回しの批判は、話し手自身が「きついことを言っている」と意識しなくても済むので、話し手にとって使いやすい可能性があることを指摘したが、うまく表現できれば相手の顔を潰すことなく、互いに悪い印象にならずに済むし、結果として話し手の意見も通しやすくなる。

ただ、相手が自分の温和な意図を汲《く》んでくれなければ困る。もちろん間接的すぎて批判して

いると理解してもらえないことも問題だが、一方では、批判は伝わっても、意地の悪い皮肉にとられないようにすることにも注意したほうがよい。第4章で述べたように、批判を間接的に表現した場合、そこに不誠実性が混ざり込むと皮肉っぽくなる。不誠実性というのは、ひねった表現法や不自然な口調、表情など、言いたいことをそのまま伝えようとしていないと感じさせる要素であった。聞き手に皮肉と感じられるとすれば、かえって意地悪ととられて悪感情を持たれてしまう可能性がある。これは「京のぶぶ漬け」に関してお話ししたとおりである。

相手がことさら悪意を持っている場合を除けば、相手の視点に立つことは関係改善には有効である。もう一つ付け加えておけば、視点取得のように単に認知的に相手の立場に近づけるだけでなく、相手がこんな立場ならどう感じているだろう、ということ、つまり感情面でも共感することはさらに有効である。(4)

調停者に委ねる

次に、苦情を言う場合を考えよう。誰かから迷惑を受けているので何かを言いたい。この場合も遠回しの言い方という手もあるが、第三者（調停者）へと迂回《うかい》させれば角が立ちにくくなる。たとえばアパートでの近隣騒音などの苦情は、管理人などに話してもらうという手段がよくなされる。なぜ角が立ちにくいのか。次のようなことが寄与しているだろう。

まず、調停者による批判は被害者からの直接の非難ではないから、加害者側も客観性があり被害者の利益だけを考えているのではないという印象を抱きやすい。加害者側の言い分も考慮してくれるだろうし、一方的に攻撃されているという感じではなくなる。そこで加害者も防衛的になりにくく、非を受け入れやすくなる。

また、調停者自身は、利害が関係せず感情的になりにくいので、加害者を強く攻撃することなしに発言できる。この点も加害者側の反発を回避することに寄与しうる。

だから、うまく事を運ぶためには、調停者は、a：加害者に、被害者の利害関係者と疑われないようにする、b：加害者に対して問題を客観的に指摘する、c：自分は正義の代弁者だからといって、高飛車になったり攻撃的になったりしないようにする、d：加害者の顔を潰すような言動は避ける、といった点が重要であることが分かる。

ただ、調停者は被害者の苦痛を直接経験するわけではない。そんなときは苦痛を過小評価するおそれがあることが指摘されている。(5) それと、被害者には実際には落度が全くないのに、そのことを調停者が認めないような場合には、被害者は加害者に寛容になりにくいとされる。(6) 調停者としてはそうしたことも念頭に置くとよい。

皮肉

一方では相手の問題のある行動、不快な振る舞いについて、とにかく何か一言、言いたいだけという場合もある。何か解決しようというわけではなく、憂さ晴らしをしたいだけである。

しかし、こんなときも短絡的な攻撃行動は避けるべきである。攻撃行動は状況認知に怒りの感情が加わって生ずる（図4―4）から、感情面で怒りが生じないように抑制していくことが必要である。具体的にいえば事態を解釈し直すことや、事態から注意をそらして気晴らしをすることが挙げられる。

また、何か言うというのなら皮肉を利用するのも戦略的な一手法である。皮肉は話し手としては罪悪感が少ないので使いやすい面がある。といっても、露骨に皮肉と分かるような状況で用いれば相手も反発する。これはあまり賢明とは言えない。むしろ、相手は賞賛と受け取るような状況で用いるのである。

尾藤さんの日頃の言動が気にくわない。あなただけでなく他の人にも意地が悪い。それにしょっちゅう、自分が食通でワインにも詳しいことを自慢する。知人にレストランに招待されたが、出された料理が素人料理だった、ワインは飲めたものではなかった、などとこっぴどく批判することもある。そんな話をいつも聞かされるあなたも実際愉快ではない。尾藤さんに、

尾藤さんにはどんなグルメもソムリエも真っ青だね。

と言ってやれば、尾藤さんはますます喜ぶだろう。その様子は傍《はた》から見れば滑稽《こっけい》である。皮肉も分からないのか、おめでたいことだと、内心憂さを晴らすことができる。

ただし、この手法は、相手にはまず皮肉と分からないだろうという確信がないと危険である。話し方や顔つきが不自然、すなわち不誠実性が含まれると皮肉と分かってしまい、逆効果であ

る。とくに、相手があなたのことをあまりよく思っていなければ、ちょっとしたしぐさなどにも不誠実性を感じ取ってしまう。

陰口

もう一つ戦略的な憂さの晴らし方は、陰口である。同僚、上司や近隣の人などについて、いろいろ我慢ができないことがあるときに、親しい人にそのことをこっそり話す。「陰口」と言うと罪悪感を感じるかもしれないが、「愚痴」と考えればもう少し気が楽になるだろう。憂さ晴らしとしては避けがたい場合もあると思う。実際、陰口は世の中にありふれている。あまり悪いものと考えなくともよいだろう。しかし注意も必要である。

当然ながら、陰口は自分の「味方」である人に言わなければならない。あなたは北山主任の振る舞いには困っている。どうでもいい細かいことをいろいろ指示する。それとちょっとでも違っていると、くどくどと説教する。肝心のことができなくなって、仕事の効率が落ちるだけであるし不愉快である。和田さんも同じように困っていると思う。ただ、和田さんが「味方」かどうか、その見極めは慎重にすべきだろう。

それに北山主任のことは嫌いでも、陰口を言うことを嫌う人がいる。なかには、本人自身は陰口を言っていても、他人の陰口は軽蔑するという身勝手な人もいる。

そういう点では比較的安全な陰口はここでも皮肉であろう。やはり曖昧なものを利用するの

である。たとえば、北山主任のことを、

北山主任は、業務について、ずいぶんいろいろ心配してくださいますね。

と和田さんに話しかける。ここで和田さんがほんとうの情報意図は皮肉だと理解してニヤッと笑ってくれれば、カタルシス（気分がすっとすること）を共有できる。しかし話し相手の和田さんが皮肉だと理解できなくても、北山主任を批判したと受け取られないから、安全である。それに和田さんが皮肉だと理解するか否かによって、北山主任に対してどう思っているかをある程度（絶対とは言えないが）検証することもできることになる。

なお、上司等、力のある人に関する陰口はやむを得ない面があるが、弱い立場やマイノリティの人々に関しての陰口は、ともすればいじめや差別につながる。明らかに望ましいこととは思えない。この点は重々認識しておくべきである。

悪意を感じた場合には

次に、悪意のターゲットにされた側に関して考える。世の中いいことばかりではない。誰かから不快なことを言われたという経験は誰しもあるだろう。

話し手も聞き手への悪意を自覚しており、誰が見ても話し手に非があると思われる場合ももちろん多い。ただ、話し手はたいしたことはないと感じているのに、ターゲットにされた聞き手が傷つく場合がある。さらには、客観的には話し手の善意から出たことばで問題がないと感じられても、聞き手が過剰に被害を感じる場合もある。こんなさいには話し手を「加害者」としてそこまで責めることはできないであろう。このように、聞き手の側にも心すべきことはありうる。「被害者」の側もすべての「悪意」から逃れることは不可能、という点も心に留めておかねばならない。

具体例を示したいがいろいろな場合があるので、あなたが知人、たとえば会社の同僚や近所の人から、不快なことを言われていると感じる場合に話を絞ってみよう。個人的に対応が迫られるがどのようにすべきか。

そもそも相手（話し手）にほんとうに非があるのか、あるとしてもそれは被害者として許すべきでないことなのか、大目に見るほうがよいのか等をまず考えるべきである。そのうえで、実害があってしかも、それは大きいのか、あるいは単に気分を害されるだけなのかも考える必要があろう。また、これからも害が続きそうか否かも問題である。それと、相手との関係は持続させなければならないものなのかも考慮すべきである。

相手に非があるか否かの判断には、やはり、対人認知の誤りの介在を念頭に置かねばならない。自分が状況を無視して、相手の行動の一部分しか見ていない可能性がある。相手の外見、職業などからステレオタイプ的に判断しているかもしれない。誰かから聞いた評判には、それ自体歪みがあるかもしれない。また、ほんとうは自分が相手を嫌いであるのに、相手の側が自分を嫌いであると感じることもある。これは、自分が内心に感じていることを自分の外にあると見てしまうという心理過程による（投影の一種である）。

こうしたことが積み重なって、自分があまりよい印象を持っていない相手であると、その何気ない一言について、「あの人は私を嫌いだから、わざといやなことを言っている」と深読みしてしまう可能性がある。こうした勘違いがありうる点は、心に留めておくべきだろう。

相手の発言にはっきり非があるとは必ずしも言えない場合も多いことは、自覚しておいたほうがいい。自分がうっかり言ってしまうこともあるのだから、相手もうっかり言ってしまったのかもしれないという許容性は保っておくほうがいい。

それと、あまり認めたくないことだろうが、あなたにも非があって、相手からの非難や批判の少なくとも一部は妥当であることもある。やはり、ここでも相手の視点からものを見ることは難しいし、とくにそうした努力はしたくない場合なので、自分の非を見落としてしまうことも多くなることは、念頭に置くべきである。

また、日常の他者とのやりとりの中には、明らかな嫌がらせでもない、しかし感じが悪いといったグレーゾーンの場合も多い。となりの柴田さんは「京のぶぶ漬け」のような言い回しでいろいろ言う。不快だ。やはり悪意があるのではないか……。

こうしたとき親しい人に事情を話し、あなたの感じていることがもっともなものであるかどうか意見を聞いてみるというのも一つの手段である。あなたに錯覚があればそれを指摘してもらえる。また、あなたが正しければ支持を得られる。そのことだけでも心強い。ただし、加害者と利害関係のない人でなければならない。それに、相談相手があなたに対して気遣いをしすぎれば、あなたに同情して無理に意見を合わせがちになる。その点にも注意すべきだろう。

どう対抗するか

　さて、明らかに相手に非がある場合、その人との関係が重要でなければ、関係を断ち切るか、できるだけつきあわないことが解決策となることはすぐに分かる。問題は不快な言動を繰り返す相手と、ある程度の関係をどうしても持続せざるを得ないときである。用件だけなど最低限の接触で済ます、あとは友人に陰口を言って憂さを晴らす、別のことで気晴らしをする、という消極的な対策で済ませざるを得ないことも多いだろうが、対抗策が利用できる場合は、それをあまり躊躇《ちゅうちょ》しないほうがいい。その典型が職場等でのセクハラ被害を受けたときである。

　東洋文化、とくに日本文化は対人的な摩擦を嫌うとされる(7)。それに、あまり事を荒立ててしまうと、当然当の相手との関係は気になるだろうし、あの人は文句が多いと思われないかなど、周囲の目も気になるかもしれない。問題を先送りにしがちである。先送りで時間が解決するという場合もあるが、事態が悪化するだけの場合もある。たとえばセクハラでは、相手はセクハラとは認識していないままかもしれない。あなたが相手に好意的に反応していると誤認して、調子に乗って言動がエスカレートする可能性もある。言い出しにくい場合もあるだろうが、まずは第5章で述べたようにやんわりと言ったり、第三者を介したりするのも一方法である。

それでは不当な攻撃にうまく対処するには、どんなやり方がいいのだろうか。たとえば相手があなたに「侮辱された」と猛烈に怒りを向けてきて、いろいろわめき立てる。それをうまく収拾していくには、次のような戦術があるとされる。[8] まず、a：相手の趣旨を確認する（反射の戦術：例：「つまり、私があなたを侮辱したということですか」）、b：相手の言い分の一部は認める（分散の戦術：「たしかに、私の申し上げたことがうまく伝わらなかったのかもしれないですね」）、のいずれかの後にc：相手に尋ねることで攻撃力を弱める（質問の戦術：「どの辺で侮辱と感じるのか説明してもらえますか」）、d：相手の言い方に対してフィードバックする（フィードバックの戦術：「だけど、あなたの言い方はちょっとキツすぎると思いますよ」）、そして、e：すぐに対応をしない。ただしうやむやにするためではなく、相手を冷静にさせるためである（先送りの戦術）。このようにして相手の攻撃にクッションを作っていき、相手にも事態を見つめ直す時間を与えるのである。

ただ、相手から面と向かって攻撃、非難されたならともかく、自分の陰口のようなものを漏れ聞いた場合に関しては、気にしていたらきりがない。批判は当人には伝えにくいから、当人の耳には入りにくい。自分に関するよくない評価は、周りのほうが自分よりもよく知っていることは、やむを得ない事実として承知しておくべきであろう。自分についてのひどい中傷というのでなく、ちょっとした不満なら、それを漏れ聞いても、「面と向かってはそれを抑制している」と寛容に考え、場合によってはそれも参考にして自分の行動を少し変えてみるほうが得なこともあると思う。

インターネットとの関わり

さて、インターネットが現代の「悪意のコミュニケーション」に重要な役割を果たしていることは、折に触れ述べてきたところである。

インターネットの特徴としてもう一つ加えるとすれば、コミュニケーションの手段としての未成熟性という問題がある。たとえば対面、手紙のようなコミュニケーション・メディアは、非常に古くから存在したから、人々が長い間に、どのようなやり方で伝達を行うべきかの知恵が積み重ねられ、マナーもいろいろ考えられてきた。

電話は日本では明治時代に導入された。当初は電話で「もしもし」と呼びかけるというようなことも定まっておらず、使い方にはいろいろ混乱があったと言われる。しかしある程度普及したあとは、「音声だけで伝える」ことだけでなく、「家庭では一台が家族に共有されている」というような基本的特徴は長い間維持されたから、それにどのように対応していくべきかのノウハウは積み重ねられてきたと言ってよい。早朝深夜は緊急の用件以外は避けるというようなマナーも、多くの人に共有されるようになった。これらはもちろん絶対的なものではない。文化差があるし変化もするだろう。しかし変化は急激ではない。

これに対してインターネットは日進月歩である。いや、そんな形容のしかたでは不十分なくらいだろう。一九九〇年代くらいから機器として、パソコンについで携帯電話が普及してきたと思ったら、スマートフォンが現れる。それらによる伝達手段としてメールや掲示板から、ブログ、ツイッター、フェイスブック、LINEというように、それぞれがどんなものか理解できない人がまだ多数いる中で、次々と新顔が登場する。そこで、そのメディアとどう接するかの「作法」も未確立なまま、それに対応していくことが求められることになる。

それは少なくとも二つの点で大きな問題をもたらす。一つはメディアに不慣れなままコミュニケーションを行う結果、送り手はメッセージをなんとか正確に伝えるということに認知資源の多くを費やすので、対人配慮には手が回りにくくなるという点である。受け手の側がメッセージを解釈する場合にも同様に、送り手の心中を十分に考慮する余裕がなくなるおそれがある。

それに加えてもう一つ、こうした新しいメディアでは電話などに比べて、伝え方、とくに対人配慮やポライトネスの規範が未成熟という問題も生ずる。このため、そのメディアでどのように接するべきかについてマナーがはっきりせず、どんな表現の使い分けをすべきかの感覚が送り手ごとに食い違ってくる。そこで勘違いが生じ、送り手のほうは相手に配慮したつもりが、受け手には配慮を感じなかったり、さらには不快感を感じてしまう。ときには送り手が思ってもいない敵意を、受け手が深読みするといったことにもなる。

PTAにおける母親間のメールのやりとりで、こんな例がある。Sさんは「(自分の)思いつきを表す感動詞として(絵文字とともに)『そうだ』を使っていた」。つまり、「そうだ、明日は会合があるんだったね」のようにである。これを見た相手は、（その前に自分が送った）「メール の内容を肯定することばと勘違いし」た。[9]

顔文字の使用に関してもそう単純ではない。「笑顔」の顔文字を使用することは、ある程度までは緊張を和らげるのに効果的である。相手が不快になりそうな内容を伝えるときにそれを添えることは、多くの人が実践しているだろう。ただ、互いの関係が悪くなると顔文字はかえって印象を悪くするという研究報告がある。[10]からかいの顔のように受け取られて、メッセージが皮肉っぽい印象になる。つまり笑顔が「不誠実性」を伝えてしまうのだろう。

また、LINEの「既読」表示は、受け手がそれを見たと確認する便利な機能のはずであった。しかし「既読」であることが分かるために、すぐに返信しなければならなくなる。返事をしない（既読スルー）と、なぜ返事をしないのか、と非難される。これがいじめの源泉になってしまった。ここでも、この機能の考案者が予想だにしなかったであろう問題を生じることになった。

インターネットが今後も「進化」を続けるとすれば、マナーが確立しないままどんどん新しいツールが現れる。考案者が当初予想しなかったような使い方が試みられる。しかも使い方には世代差がある。そこで行き違いが生じる。こうした問題は形を変えて、いつまでも持続することになる。どのように対処すべきか今後とも考えていく必要がある。

ところでインターネットでの匿名性については前に問題を指摘したが、匿名状況ではなくとも、対面したことのない相手と仕事上の交渉などでメールだけでやりとりすることは、現代社会ではよくある。この場合はもちろん名前は分かっているが、相手に対して普通以上にトラブルが生じがちだとされる。[11] ただ、事前に電話などで個人的なやりとりなどを交わしていると、メールでの交渉がうまくいくという実験結果がある。[12] メールでしかやりとりできないにしても、丁寧に挨拶をする、簡単な自己紹介をするなどして事務的な内容だけに終始しないことは、対立を避ける一つの手段となりうるかもしれない。

謝罪に関して

誰かに迷惑をかけたり不快感を与え謝罪した。しかしそれが印象の回復に結びつかないことや、逆効果になることがある。その原因の一つに、謝罪する側である加害者が、自身の顔が潰れるのを恐れるということがある。謝罪をすることで自尊心が損なわれるし、被害の修復など相応の責任も負わねばならない。そういった側面に気持ちが向きすぎるのである。

ここまでは広い意味で「謝罪」としたが、正確に言えば、加害者が被害者にことばで対処するもの全体を「弁明」という。弁明は、謝罪、弁解（加害に至った事情を説明）、正当化（加害を正当化や最小化）、否認（加害したこと自体を否定）に分けられる。たとえば、「自転車に乗っていて誰かにぶつかった場合」であれば「なんということをしてしまったのだ。本当にすみません」が謝罪、「具合が悪くて、ぼんやりしていました」が弁解、「小さい子どもが走ってきたので、避けようと思ったのです」や「ちょっとだけじゃないですか」が正当化、そして「私がやったんじゃありません」は否認にあたる。(13) 日米で行われた研究によれば、加害者が謝罪した場合に被害者は悪い感情を最も持たず、否認は最悪、弁解や正当化は中間であった。これはまあ当然だが、日米別に見ると、アメリカ人は謝罪よりも正当化を受け入れるが、日本人は正当化よりも謝罪を受け入れる。(14)

ということで日本人の場合は、非を生じた理屈を述べ立てるよりも、とにかくはっきり謝ることが重視されるようである。ところが、次のような言動がしばしば見られる。

一生懸命やったつもりなんだけど、結果的には悪いことをした。

そう思われたとしたら、申しわけない。そんな気はなかったんだが。

このような言い方は加害者側にはそのつもりはなくとも、被害者側には、

自分としてはもともとは悪いことをするつもりはなかった。

そう思わせるつもりはなかった。

という隠意によって正当化を試みていると感じさせる。とくに傍線部のような語句が問題になる。

また、相手に迷惑をかけたときに自分の事情を延々と説明すること（弁明）も印象を悪くする可能性が強い。たとえば大幅に遅刻したときに、

私はちゃんと家を出たんですが、バスに乗っても道路が渋滞して二回信号待ちのところを

四回も信号待ちになって、そのため電車に乗り遅れて、結果的に三〇分も遅れてしまって……。

などと説明しても、そしてこれは事実であったとしても、結局損をする。話し手が自分の視点にばかり囚われていて、相手側の迷惑の状況を思いやっていないと見られる。責任回避をしているということで印象は悪くなる。遅刻の理由を言うなら簡潔に済ますべきだろう。

さらに、謝罪の責任を引き受けないような「遺憾です」「残念です」も正当化に属する。これらがよい印象を与えないことは第2章で述べた。

謝罪において被害者が注目していること、知りたいことは、加害者が問題を正しく認識したか、誤りはちゃんと誤りと認めているか、といった点である。しかしそういった部分がまさに加害者（話し手）自身の顔への脅威になる。それを最小限にしようとして、謝罪が中途半端になってしまう。自分の側のやむを得ない事情を言い過ぎる。つまり、謝罪を相手のためではなく自分のための、自分の顔を守る場にしてしまう。これが右の例で述べたような正当化の言明につながる。しかし、真に謝る必要があるときは、自分の顔への配慮は後回しにしないと、逆効果と考えるべきである。

さて、本章のはじめに掲げたのは、安倍首相の釈明の抜粋である。自民党の若手議員の勉強会で「沖縄の新聞を潰すべきだ」というような話が出たことに関してのものであり、勉強会の数日後の国会の委員会で、二人の民主党（当時）委員への答弁の中で示された。

首相は答弁の他の箇所で「非常識な発言」とコメントし、処分にも言及している。ただ、「言論の自由を軽視するような発言」「我が党の努力を無にするかのごとき発言」というのは、発言が本来は問題ではないような言い方である。また、「残念であり」「お気持ちを傷つけるとすれば」というように、首相は自身が自民党総裁であるのに、問題の発言からは距離を置き、自身の関与を弱めようとするような言い方も混じる。伝達、情報意図はないのだろうが、安倍首相の謝罪をためらう内心、正当化しようとする気持ちが垣間《かいま》見える。ここにもある種の「悪意」を感じてしまうのである。

悪意とうまくつきあう

以上、「悪意」に対してどう向き合うか、送り手の立場、受け手の立場から考えてきた。そこからも明らかなように、この問題には単純で決定的な処方箋《しょほうせん》があるわけではない。結局はどんな性質の悪意か、悪質なものとやむを得ないものの違いを見極めつつ、うまくつきあっていくということが重要であろう。ただ、その場合、悪意のコミュニケーションを生じさせる社会心理学的な背景を念頭に置いて、相手だけでなく自分も正しい判断をしているとは限らないということを心に留めておくのも、意味のあることだと思う。

あとがき

ことばによるコミュニケーションには、いろいろなダークサイドも存在する。それらは、人にとってコミュニケーションが必須《ひっす》なものであるだけに、我々の日常の種々の場面で重要な意味を持つ。筆者も以前から「悪意」のコミュニケーションには関心を持っていた。

しかし当然のこととはいえこれらに関わる諸問題は、諸分野の研究者や実践家の方々が原因や対策などをさまざまに議論しておられる。単にそれをなぞるだけでは、屋上屋を架すことになってしまうだろうと、そこに踏み込んでいくことを躊躇していた。

ただ、これらを大いに参考にさせていただいたうえで、コミュニケーションのほか対人認知に関する心理学的観点も加えて、ダークサイドについて改めて整理してみることは、意味があるかもしれないとも考えるようになった。別々に研究、検討が行われてきた諸問題を社会心理学や言語心理学の視点で見直すことで、問題の共通性など何か新しい視野が開けないかと思ったのである。

結果として、

透明性錯覚など視点の調整の不完全さや対人認知の歪みに基づいて生じた偏った判断が、情報の伝達の不完全さと相俟って、多くの「悪意」のコミュニケーションを生み出している。

という道筋はある程度示せたのではないかと考えている。

本書に使用した多数の「悪意」の用例は、筆者の実体験から構成したものが多い。もちろん設定や人物名は架空であるが。そしてそのなかには、筆者自身が「加害者」になりかねないと自戒を込めているものもある。

なお、「悪意」のコミュニケーションには、他にも多くのタイプがある。たとえば本書で取り上げた「嘘」に関連したものとして、振り込め詐欺、偽装表示、カルト宗教の勧誘なども世の中を騒がせている。こうした点については、また機会があればぜひ考えてみたい。

さて、本書の執筆に関しては、直接的、間接的に多くの方のお世話になった。

愛知学院大学文学部教授の多門靖容先生には、草稿の一部に目を通していただいたうえ、貴重なご意見をいただいた。第2章に述べた「なるほど」という表現が失礼に感じられることがあるという例は、多門先生のご指摘によるものである。

第2章の心の理論のイラストは、鈴鹿大学短期大学部准教授の杉山佳菜子さんにお願いできた。杉山さんは発達心理学の研究者でもあるだけに、たいへん分かりやすく描いていただけたと思っている。

筆者が代表研究者や分担研究者として参加させていただいた科学研究費等による共同研究での経験、とくにそこでの共同研究者の方々の発表からも、いろいろと示唆を得るところがあった。

さらに、学生時代までを振り返れば、木下冨雄先生にはいろいろと教えを賜ってきたし、田尾雅夫先生をはじめとする諸先輩や同学の方々からもサポートをいただいてきた。

愛知学院大学心理学科の同僚の多くの先生方や実験助手の方々は、長年にわたってよい研究環境を与えてくださった。

中央公論新社の酒井孝博氏には前著に引き続き本書でも、構想の段階から校了に至るまで、さまざまなご助言をいただいたし、原稿の細かいチェックもしていただいた。

以上、厚く御礼申し上げる次第である。

最後になるが、妻には常日頃、研究をいろいろな面で支えてもらっている。これも改めて感謝の意を表する。

岡本真一郎

二〇一六年六月

(70) 師岡, 2013; 安田, 2015a
(71) http://www.47news.jp/47topics/e/251317.php
(72) 師岡, 2013
(73) 師岡, 2013
(74) 師岡, 2013: p.77
(75) 朝日新聞(名古屋本社版), 2015.7.21(長谷部恭男の発言)
(76) 師岡, 2013: pp.148-149
(77) 師岡, 2013: pp.160-161
(78) Tajfel, 1982
(79) 安田, 2012: pp.19-20
(80) 毎日新聞(中部本社版), 2015.8.3; http://digital.asahi.com/articles/DA3S12296806.html; 中日新聞, 2016.5.25
(81) TBS ラジオ, 2016
(82) 朝日新聞(名古屋本社版), 2016.6.3
(83) 師岡, 2013
(84) http://www.nikkan-gendai.com/articles/view/news/153627

【終章】
(1) http://www.shugiin.go.jp/internet/itdb_kaigiroku.nsf/html/kaigiroku/029818920150703017.htm
(2) Epley *et al.*, 2004
(3) 大渕, 2001
(4) 大渕, 2015
(5) 相馬, 2013
(6) 高田・大渕, 2009
(7) 大渕, 2015
(8) 相川, 2009: pp.91-93
(9) 朝日新聞(名古屋本社版), 2015.9.7
(10) Thompson & Foulger, 1996
(11) 大渕, 2015
(12) 大渕, 2015
(13) 大渕, 2010: p.44
(14) 大渕, 2010

(34) Franco & Maass, 1999
(35) 金水，2003
(36) Hughes, 2006
(37) 師岡，2013
(38) 安田，2012
(39) 師岡，2013: p.47
(40) 師岡，2013
(41) 師岡，2013: p.40
(42) Craig, 2002
(43) 安田，2015b
(44) 安田，2012: p.6
(45) 師岡，2013: pp.iii-iv
(46) 師岡，2013
(47) http://digital.asahi.com/articles/ASJ3X7WYZJ3XUUPI004.html
(48) 安田，2012
(49) 大沼・江川，2015
(50) 安田，2012
(51) 安田，2012: pp.73-74
(52) 安田，2015a: p.48
(53) 古谷，2013: pp.54-56
(54) 香山，2015: p.32
(55) McGuire & Papageorgis, 1961
(56) 安田，2012: p.82
(57) 師岡，2013: p.174
(58) 安田，2012: pp.76-77
(59) 松田，2014
(60) 松田，2014
(61) 荻上，2011: pp.57-60
(62) 三浦，2011
(63) 松田，2014
(64) 片田，2015
(65) Iganski & Lagou, 2009
(66) 師岡，2013
(67) Greenberg & Pyszczynski, 1985
(68) Kirkland *et al.*, 1987
(69) 師岡，2013: pp.61-64

http://mainichi.jp/select/news/20140706k0000m040114000c.html

【第 7 章】
（1）荻上，2011: p57
（2）Carmichael *et al.*, 1932
（3）Loftus & Palmer, 1974
（4）Higgins & Rholes, 1978
（5）Higgins & McCann, 1984; Higgins & Rholes, 1978
（6）Allport & Postman, 1947
（7）Ruscher, 2001
（8）Kashima *et al.*, 2007; Kashima *et al.*, 2008
（9）木下，1977: p.12
（10）川上，1997
（11）木下，1977
（12）木下，1977
（13）Allport & Postman, 1947
（14）木下，1977
（15）師岡，2013; 吉村，2004
（16）テレビ朝日，1990
（17）荻上，2011: p.54, p.57
（18）DiFonzo, 2008
（19）Allport, 1954
（20）小林，2011: p.16
（21）Hughes, 2006
（22）Hughes, 2006; 小林，2011
（23）Allan & Burridge, 2006
（24）小林，2015
（25）塩見，2009
（26）Augoustinos & Every, 2007
（27）van Dijk, 1992: pp.98-99
（28）Lynn & Lea, 2003: p.433
（29）Augoustinos & Every, 2007: p.131
（30）Semin & Fiedler, 1992: p.60
（31）菅・唐沢，2006
（32）Carnaghi *et al.*, 2008
（33）Maass *et al.*, 1989

【第 6 章】
（1）DePaulo *et al.*, 1996
（2）Krauss *et al.*, 1976; Zuckerman *et al.*, 1981: p.3
（3）吉村，1995
（4）村井，2000
（5）McLeod & Genereux, 2008
（6）Vrij, 2008
（7）片田，2015
（8）Ekman, 1985; 村井，2000; Vrij, 2008
（9）Okamoto, 2006
（10）三浦，2011
（11）三浦，2011: p.86
（12）Cornwell & Lundgren, 2001
（13）Whitty, 2002
（14）Joinson & Dietz-Uhler, 2002
（15）Feldman, 2000
（16）Cornwell & Lundgren, 2001
（17）佐々木・岡本，2007
（18）Vrij, 2008
（19）Ekman, 1985
（20）The Global Deception Team, 2006
（21）Mann *et al.*, 2004
（22）Zuckerman *et al.*, 1981
（23）Ekman, 1985
（24）Vrij, 2008
（25）Vrij, 2008
（26）DePaulo *et al.*, 2003
（27）Vrij, 2008
（28）Hirsch & Wolf, 2001
（29）DePaulo *et al.*, 2003
（30）Bond & DePaulo, 2006; 村井，2013
（31）Vrij, 2008
（32）Vrij, 2008
（33）Vrij, 2008: pp.378-381
（34）Vrij, 2008: pp.395-415
（35）http://digital.asahi.com/articles/ASG716F24G71PIHB02S.html;

注

（7）奥山，1999
（8）窪田，2011
（9）http://www.houritu110.co.jp/counseling/menu/018/04.html
（10）牟田，2013
（11）http://www.yomiuri.co.jp/job/news/20140620-OYT8T50070.html
（12）鈴木，2009
（13）http://www.news24.jp/articles/2014/09/17/07259289.html
（14）佐野・宗方，1999
（15）角山ほか，2003
（16）牟田，2013
（17）牟田，2013
（18）牟田，2013
（19）Bem, 1972
（20）牟田，2013
（21）池谷，2014
（22）Woodzicka & LaFrance, 2001
（23）牟田，2013
（24）牟田，2013
（25）http://www.kokusen.go.jp/pdf/n-20150820_1.pdf
（26）池内，2011
（27）中森・竹内，1999: pp.48-50
（28）池内，2011
（29）黒岩，2004，2005
（30）池内，2010
（31）前屋，1999
（32）前屋，1999: pp.134-141
（33）前屋，1999: pp.68-69
（34）前屋，1999: p.214
（35）池内，2011
（36）関根，2007
（37）小田，2012
（38）関根，2011: pp.33-46
（39）関根，2007: pp.72-125
（40）小田，2012
（41）池内，2011

(25) 飛田・大渕, 1991
(26) 飛田, 2011; Orvis *et al.*, 1976
(27) 相馬, 2013
(28) 福島, 2010: p.213
(29) http://www.asahi.com/articles/ASH984WJZH98UTFL00G.html
(30) 相馬, 2013
(31) 園田, 2007: pp.116-148
(32) Krahé, 2001; 飛田, 2011
(33) Levinson, 2000
(34) Sperber & Wilson, 1995
(35) Sperber & Wilson, 1995
(36) http://spotlight-media.jp/article/93643103861631117; http://detail.chiebukuro.yahoo.co.jp/qa/question_detail/q1210910267
(37) Wiener & Mehrabian, 1968
(38) Grice, 1975
(39) Gibbs, 2001
(40) Okamoto, 2007; 岡本, 2010
(41) Colston, 1997; Dews *et al.*, 1995
(42) Okamoto, 2002
(43) Keltner *et al.*, 1998
(44) 大津, 2007: p.52
(45) 葉山・櫻井, 2008
(46) Keltner *et al.*, 1998
(47) Endo, 2007; Kowalski, 2000
(48) Keltner *et al.*, 1998
(49) 戸田ほか, 2008
(50) Kowalski, 2007

【第5章】
(1) 原・藤原, 1991; 木村ほか, 2005
(2) Gutek & Done, 2001
(3) http://www.mhlw.go.jp/file/06-Seisakujouhou-11900000-Koyoukintoujidoukateikyoku/03_1.pdf
(4) 牟田, 2013: p.45
(5) 小林, 2015: p.21
(6) 池谷, 2014

(18) 唐沢, 2010
(19) http://www.gender.go.jp/public/kyodosankaku/2014/201412/201412_04.html
(20) 鈴木, 1994
(21) 宇井, 2006
(22) 宇井, 2006: p.127
(23) 宇井, 2006: p.129
(24) Glick *et al.*, 1997
(25) 宇井, 2006
(26) 石井・沼崎, 2009

【第4章】
(1) 柳田, 1943/1980
(2) 亀井ほか, 1996: p.1274
(3) 米川, 1998: pp.265-268
(4) 小沢ほか, 2013
(5) 米川, 1998
(6) 大渕, 2015
(7) American Psychiatric Association, 2000
(8) 湯川, 2005
(9) Richardson *et al.*, 1998
(10) 湯川, 2005
(11) 安藤ほか, 1999
(12) Krahé, 2001
(13) 常岡・高野, 2012
(14) 大渕, 2015
(15) 木野, 2000
(16) 西尾, 1998: pp.26-27
(17) 西尾, 2015: p.240
(18) 西尾, 2015: p.228
(19) 松井, 1990
(20) 園田, 2007
(21) 飛田, 2011: pp.68-69
(22) 平山・秋山, 2004: p.54
(23) 木下・Pusavat, 未発表
(24) 平山・柏木, 2001

（10）加藤，2009; 小林，2004; 野口，2013; 山田，2013
（11）http://kekkonrecipe.com/married_life/happy_marriage/2571/
（12）今村，2011: p.163
（13）木下，2015: p.513
（14）http://www.asahi.com/special/10005/TKY201103140356.html
（15）木下，2015: p.546
（16）今村，2011: p.250
（17）http://mainichi.jp/feature/news/20140617k0000m040100000c.html
（18）木下，2015: p.685
（19）今村，2011: p.221
（20）中京テレビ，2015; http://www.asahi.com/articles/ASH3D64N0H3DPTIL01S.html
（21）Mitchell, 1997
（22）Gilovich *et al.*, 1998
（23）Gilovich *et al.*, 1998
（24）Nickerson, 1999

【第３章】
（１）唐沢，2010
（２）唐沢，2010
（３）Asch, 1946
（４）Ross *et al.*, 1975
（５）吉川，1989
（６）Ross, 1977
（７）Jones & Nisbett, 1971
（８）Klayman & Ha, 1987
（９）Snyder & Swann, 1978
（10）大渕，2015
（11）Dodge, 1980
（12）Robinson *et al.*, 1995
（13）池上，2014
（14）池上，2014
（15）高・雨宮，2013
（16）大村，2012
（17）縄田，2014

注

【はじめに】

（1）http://www.asahi.com/special/10005/OSK201103200049.html; http://www.asahi.com/special/10005/OSK201104110064.html. 本書には問題となった発言等の実例を多く引用する.「構成」と断ったもの以外は，新聞報道や書籍に記されたものをそのまま引用した. 言い回しの細部にはソースによって若干の相違があるが，これは各記者によって要約のしかたが異なるためと思われる. しかしそうした相違は本書の議論の本質には影響しない（ただし，終章の安倍首相の発言については，正確を期すため国会議事録を参考にした).

（2）http://www.asahi.com/articles/ASG3B6KP1G3BUTQP01W.htm

（3）http://opi-rina.chunichi.co.jp/topic/20140430-1.html

【第1章】

（1）岡本，2013

（2）Clark, 1996

（3）亀井ほか，1996: p.1140

（4）久野，1977: p.303

（5）菊地，1994/1997, p.93

（6）鈴木，1973

（7）神尾，1990; 岡本，1996，2012

（8）Brown & Levinson, 1987; 井出，2006

（9）Brown & Levinson, 1987

（10）井出，2006

【第2章】

（1）http://www.47news.jp/CN/201508/CN2015082801001428.html

（2）たとえば菊地，1994/1997

（3）朝日新聞，2014.8.7

（4）NHK, 1995

（5）山田，2013

（6）山田，2013

（7）山田，2013

（8）小林，2004; 朴，2001

（9）はんざわ，2015: p.45

宇井美代子 2006「性差別主義とジェンダー――性差別主義の測定／現代的な性差別」福富護（編）『ジェンダー心理学』朝倉書店
van Dijk, T. A. 1992 “Discourse and the denial of racism”. *Discourse and Society*, **3**, 87-118.
Vrij, A. 2008 *Detecting Lies and deceit: Pitfalls and opportunities.*（2nd ed.）Chichester, John Wiley & Sons.
Wiener, M. & Mehrabian, A. 1968 *Language within language: Immediacy, a channel in verbal communication*. New York: Appleton-Century-Crofts.
Whitty, M. T. 2002 “Liar, liar! An examination of how open, supportive and honest people are in chat rooms”. *Computers in Human Behavior*, **18**, 343-352.
Woodzicka, J. A. & LaFrance, M. 2001 “Real versus imagined gender harassment”. *Journal of Social Issues*, **57**, 15-30.
山田敏弘 2013『その一言が余計です。――日本語の「正しさ」を問う』筑摩書房（ちくま新書）
柳田国男 1943『蝸牛考』創元社（岩波文庫，1980）
安田浩一 2012『ネットと愛国――在特会の「闇」を追いかけて』講談社
安田浩一 2013「正義感の暴走――先鋭化する在特会とレイシズム」安田浩一・岩田温・古谷経衡・森鷹久『ヘイトスピーチとネット右翼』オークラ出版 pp.15-42.
安田浩一 2015a『ヘイトスピーチ――「愛国者」たちの憎悪と暴力』文藝春秋（文春新書）
安田浩一 2015b「排除と差別を“遊ぶ”者たち――ネトウヨの思想と行動」『AERA』2015.8.10. 34-35.
米川明彦 1998『若者語を科学する』明治書院
吉村昭 1973『関東大震災』文藝春秋（文春文庫，2004）
吉村公宏 1995『認知意味論の方法――経験と動機の言語学』人文書院
湯川進太郎 2005『バイオレンス――攻撃と怒りの臨床社会心理学』北大路書房
Zuckerman, M., DePaulo, B. M., & Rosenthal, R. 1981 “Verbal and nonverbal communication of deception”. In L. Berkowitz（Ed.）*Advances in experimental social psychology*. Vol. 14. New York: Academic Press. pp.1-59.

1202-1212.
相馬敏彦 2013「家庭内暴力」大坊郁夫・谷口泰富（編）『現代社会と応用心理学 2　クローズアップ恋愛』福村出版 pp.173-181.
園田雅代 2007『結婚した二人のためのソーシャルスキル』サイエンス社
Sperber, D. & Wilson, D. 1995 *Relevance: Communication and cognition.* (2nd ed.)（First ed., 1986）Oxford: Basil Blackwell. 内田聖二ほか（訳）1999『関連性理論——伝達と認知』（第 2 版）研究社出版
Stangor, C. & Crandall, C. S.（Eds.）2013 *Stereotyping and prejudice.* New York: Psychology Press.
菅さやか・唐沢穣 2006「人物の属性表現にみられる社会的ステレオタイプの影響」『社会心理学研究』**22**, 180-188.
鈴木淳子 1994「平等主義的性役割態度スケール短縮版（SESRA-S）の作成」『心理学研究』**65**, 34-41.
鈴木浩一 2009「セクシャル・ハラスメント」産業・組織心理学会（編）『産業・組織心理学ハンドブック』丸善出版 pp.128-131.
鈴木孝夫 1973『ことばと文化』岩波書店（岩波新書）
Tajfel, H.（Ed.）1982 *Social identity and intergroup relations.* Cambridge: Cambridge University Press.
高史明・雨宮有里 2013「在日コリアンに対する古典的／現代的レイシズムについての基礎的検討」『社会心理学研究』**28**, 67-76.
高田奈緒美・大渕憲一 2009「対人葛藤における寛容性の研究——寛容動機と人間関係」『社会心理学研究』**24**, 208-218.
TBS ラジオ 2016. 5.12「荻上チキ・Session-22」
テレビ朝日 1990.12.8「ザ　スクープ　女性が外国人に暴行された」
The Global Deception Research Team 2006 "A world of lies". *Journal of Cross-Cultural Psychology*, **37**, 60-74.
Thompson, P. A. & Foulger, D. A. 1996 "Effects of pictographs and quoting on flaming in Electronic mail". *Computers in Human Behavior*, **12**, 225-243.
戸田有一・ストロマイヤ，ダグマー・スピール，クリスチアーナ 2008「人をおいつめるいじめ——集団化と無力化のプロセス」加藤司・谷口弘一（編著）『対人関係のダークサイド』北大路書房 pp.117-131.
常岡充子・高野陽太郎 2012「他視点取得の活性化による言語的攻撃の抑制」『社会心理学研究』**27**, 93-100.

辞典』主婦の友社
朴琴順 2001「「〜のほう」連発　バイト敬語の変――「タメロ世代」がつくった新・日本語の伝染力」『AERA』2001.5.14. 28-30.
Richardson, D. R., Green, L. R., & Lago, T. 1998 "The relationship between perspective taking and nonaggressive responding in the face of attack". *Journal of Personality*, **66**, 235-256.
Robinson, R. J., Keltner, D., Ward, A., & Ross, L. 1995 "Actual versus assumed differences in construal: 'Naïve realism' in intergroup perception and conflict". *Journal of Personality and Social Psychology*, **68**, 404-417.
Ross, L. 1977 "The intuitive psychologist and his shortcomings: Distortions in the attribution process". In L. Berkowitz（Ed.）*Advances in Experimental Social Psychology*. Vol. 10. New York: Academic Press. 173-220.
Ross, L., Lepper, M. R., & Hubbard, M. 1975 "Perseverance in self-perception and social perception: Biased attributional processes in the debriefing paradigm". *Journal of Personality and Social Psychology*, **32**, 880-892.
Ruscher, J. B. 2001 *Prejudiced communication: A social psychological perspective*. New York: Guilford.
齊藤勇 2010『イラストレート心理学入門　第2版』誠信書房
佐野幸子・宗方比佐子 1999「職場のセクシュアル・ハラスメントに関する調査――女性就業者データから」『経営行動科学』**13**, 99-111.
佐々木美加・岡本真一郎 2007「CMCと嘘」『現代のエスプリ』**481**, 175-185.
関根眞一 2007『となりのクレーマー――「苦情を言う人」との交渉術』中央公論新社（中公新書ラクレ）
関根眞一 2011『クレーム対応のプロが教える　なぜか怒られる人の話し方　許される人の話し方』青春出版社
Semin, G. R. & Fiedler, K. 1992 "The inferential properties of interpersonal verbs". In G. R. Semin & K. Fiedler（Eds.）*Language, interaction and social cognition*. London: Sage, pp.58-78.
塩見鮮一郎 2009『差別語とは何か』河出書房新社（河出文庫）
Snyder, M. & Swann, W. B. Jr., 1978 "Hypothesis-testing processes in social interaction". *Journal of Personality and Social Psychology*, **36**,

大渕憲一 2010『謝罪の研究——釈明の心理とはたらき』東北大学出版会
大渕憲一 2015『紛争と葛藤の心理学——人はなぜ争い，どう和解するのか』サイエンス社
小田順子（編著）2012『これで怖くない！——公務員のクレーム対応術』学陽書房
荻上チキ 2011『検証　東日本大震災の流言・デマ』光文社（光文社新書）
岡本真一郎 1996「情報への関与と文末形式——「情報のなわ張り理論」の批判的検討と新モデルの提案」『心理学評論』**39**, 168-204.
Okamoto, S. 2002 "Politeness and the perception of irony: Honorifics in Japanese". *Metaphor and Symbol*, **17**, 119-139.
岡本真一郎 2004「アイロニーの実験的研究の展望——理論修正の試みを含めて」『心理学評論』**47**, 395-420.
Okamoto, S. 2006 "Perception of *hiniku* and *oseji*: How hyperbole and orthographically deviant styles influence irony-related perceptions in the Japanese language". *Discourse Processes*, **41**, 25-50.
Okamoto, S. 2007 "An analysis of the usage of Japanese *hiniku*: Based on the communicative insincerity theory of irony". *Journal of Pragmatics*, **39**, 1143-1169.
岡本真一郎 2010『ことばの社会心理学　第４版』ナカニシヤ出版
岡本真一郎 2012「関与権限と言語表現——「情報のなわ張り理論」の修正と拡張」『日本語文法』**12**（１）, 37-53.
岡本真一郎 2013『言語の社会心理学——伝えたいことは伝わるのか』中央公論新社（中公新書）
奥山明良 1999『職場のセクシュアル・ハラスメント』有斐閣
大村政男 2012『新編血液型と性格』福村出版
大沼保昭（聞き手 江川紹子）2015『「歴史認識」とは何か——対立の構図を超えて』中央公論新社（中公新書）
Orvis, B. R., Kelley, H. H., & Butler, D. 1976 "Attributional conflict in young couples". In J. H. Harvey, W. Ickes, & R. F. Kidd（Eds.）*New directions in attribution research*. Vol. 1. New Jersey: Lawrence Erlbaum. 353-386.
大津友美 2007「会話における冗談のコミュニケーション特徴——スタイルシフトによる冗談の場合」『社会言語科学』**10**（１）, 45-55.
小沢章友・女子大生ヤバイ語調査会（編）2014『女子大生ヤバイ語

persuasion". *Journal of Abnormal and Social Psychology*, **62**, 327-337.
McLeod, B. A. & Genereux, R. L. 2008 "Predicting the acceptability and likelihood of lying. The interaction of personality with type of lie". *Personality and Individual Differences*, **45**, 591-596.
Mitchel, P. 1997 *Introduction to theory of mind: Children, autism and apes*. London: Edward Arnold. 菊野春雄・橋本祐子（訳）2000『心の理論への招待』ミネルヴァ書房
三浦麻子 2011「CMC におけるミス・コミュニケーション」岡本真一郎（編）『ミス・コミュニケーション――なぜ生ずるか　どう防ぐか』ナカニシヤ出版 pp.83-101.
師岡康子 2013『ヘイト・スピーチとは何か』岩波書店（岩波新書）
村井潤一郎 2000「ウソという言葉――言語的側面へのアプローチ」平伸二ほか（編）『ウソ発見――犯人と記憶のかけらを探して』北大路書房 pp.13-21.
村井潤一郎（編著）2013『嘘の心理学』ナカニシヤ出版
牟田和恵 2013『部長，その恋愛はセクハラです！』集英社（集英社新書）
中森三和子・竹内清之 1999『クレーム対応の実際』日本経済新聞社
縄田健悟 2014「血液型と性格の無関連性――日本と米国の大規模社会調査を用いた実証的論拠」『心理学研究』**85**, 148-156.
Nelson-Jones, R. 1990 *Human Relationship skills: Training and self-help*. London: Cassell Publishers Limited. 相川充（訳）1993『思いやりの人間関係スキル――一人でできるトレーニング』誠信書房
NHK 総合テレビ 1995.9.3「ことばテレビ『○△部長それとも○△さ〜ん！』」
Nickerson, R. S. 1999 "How we know - and sometimes misjudge - What others know: Imputing one's own knowledge to others". *Psychological Bulletin*, **125**, 737-759.
西尾純二 1998「マイナス待遇行動の表現スタイル――規制される言語行動をめぐって」『社会言語科学』**1**（1）, 19-28.
西尾純二 2015『マイナスの待遇表現行動――対象を低く悪く扱う表現への規制と配慮』くろしお出版
野口恵子 2013『失礼な敬語――誤用例から学ぶ，正しい使い方』光文社（光文社新書）
大渕憲一 2001「攻撃行動」土田昭司（編）『対人行動の社会心理学――人と人との間のこころと行動』北大路書房 pp.82-91.

Krauss, R. M., Geller, V., & Olson, C. 1976 *Modalities and cues in the detection of deception*. Paper presented at the meeting of the American Psychological Association, Washington D.C. September, 1976.
窪田由紀 2011「セクシュアル・ハラスメントとミス・コミュニケーション」岡本真一郎（編）『ミス・コミュニケーション――なぜ生ずるか　どう防ぐか』ナカニシヤ出版 pp.103-119.
久野暲 1977「英語圏における敬語」大野晋・柴田武（編）『岩波講座日本語　4　敬語』岩波書店 pp.301-331.
黒岩健一郎 2004「苦情行動研究の現状と課題」『武蔵大学論集』**52**（１）, 1-16.
黒岩健一郎 2005「苦情対応研究の現状と課題」『武蔵大学論集』**52**（３・４）, 15-31.
Levinson, S. C. 2000 *Presumptive Meanings: The theory of generalized conversational implicature.* Cambridge, Massachusetts: The MIT Press. 田中廣明・五十嵐海理（訳）2007『意味の推定――新グライス学派の語用論』研究社
Loftus, E. F. & Palmer, J. C. 1974 "Reconstruction of automobile destruction. An example of the interaction between language and memory". *Journal of Verbal Learning and Verbal Behavior*, **13**, 585-589.
Lynn, N. & Lea, S. 2003 "'A phantom menace and the new Apartheid': The social construction of asylum-seekers in the United Kingdom". *Discourse & Society*, **14**, 425-452.
Maass, A., Salvi, D., Arcuri, L., & Semin, G. R. 1989 "Language use in intergroup contexts: The linguistic intergroup bias". *Journal of Personality and Social Psychology*, **57**, 981-993.
前屋毅 2000『全証言　東芝クレーマー事件』小学館（小学館文庫）
Mann, S., Vrij, A., & Bull, R. 2004 "Detecting true lies: Police officers' ability to detect deceit". *Journal of Applied Psychology*, **89**, 137-149.
松田美佐 2014『うわさとは何か――ネットで変容する「最も古いメディア」』中央公論新社（中公新書）
松井豊 1990「青年の恋愛行動の構造」『心理学評論』**33**, 355-372.
松本脩 1993『全国アホ・バカ分布考――はるかなる言葉の旅路』太田出版（新潮文庫，1996）
McGuire, W. J. & Papageorgis, D. 1961 "The relative efficacy of various types of prior belief-defense in producing immunity against

吉川肇子 1989「悪印象は残りやすいか?」『実験社会心理学研究』**29**, 45-54.
菊地康人 1994『敬語』角川書店（講談社学術文庫, 1997）
木村傳兵衛ほか 2005『新語・流行語大全1945-2005――ことばの戦後史』自由国民社
木野和代 2000「日本人の怒りの表出方法とその対人的影響」『心理学研究』**70**, 494-502.
木下厚 2015『政治家失言・放言大全――問題発言の戦後史』勉誠出版
木下冨雄 1977「流言」池内一（編）『講座社会心理学 3　集合現象』東京大学出版会 pp.11-86.
木下冨雄・Pusavat, Y.　未発表「夫婦間の呼称の研究」
金水敏 2003『ヴァーチャル日本語――役割語の謎』岩波書店
Kirkland, S. L., Greenberg, J., & Pyszczynski, T. 1987 "Further evidence of the deleterious effects of overheard derogatory ethnic labels: Derogation beyond the target". *Personality and Social Psychology Bulletin*, **13**, 216-227.
Klayman, J. & Ha, Y-W. 1987 "Confirmation, disconfirmation, and information in hypothesis testing". *Psychological Review*, **94**, 211-228.
小林敦子 2015『ジェンダー・ハラスメントに関する心理学的研究――就業女性に期待する「女性らしさ」の弊害』風間書房
小林健治 2011『差別語　不快語』にんげん出版
小林健治 2015『部落解放同盟「糾弾」史――メディアと差別表現』筑摩書房（ちくま新書）
小林作都子 2004『そのバイト語はやめなさい――プロが教える社会人の正しい日本語』日本経済新聞社
Kowalski, R. M. 2000 "'I was only kidding!': Victims' and perpetrators' perceptions of teasing". *Personality and Social Psychology Bulletin*, **26**, 231-241.
Kowalski, R. M. 2007 "Teasing and bullying". In B. H. Spitzberg & W. R. Cupach（Eds.）*The dark side of interpersonal communication*.（2nd. ed.）New York: Routledge. pp.169-197.
Krahé, B. 2001 *The social psychology of aggression*. East Sussex: Psychology Press. 秦一士・湯川進太郎（編訳）2004『攻撃の心理学』北大路書房

石井国雄・沼崎誠 2009「ジェンダー態度IATにおけるステレオタイプ的な刺激項目の影響」『社会心理学研究』**25**, 53-60.

Joinson, A. & Dietz-Uhler, B. 2002 "Explanations for the perpetration of and reactions to deception in a virtual community". *Social Science Computer Review*, **23**, 275-289.

Jones, E. E. & Nisbett, R. E. 1971 "The actor and the observer: Divergent perceptions of the causes of behavior". In E. E. Jones, D. Kanouse, H. H. Kelley, R. E. Nisbett, S. Valins, & B. Weiner (Eds.) *Attribution: Perceiving the causes of behavior*. Hillsdale: Lawrence Erlbaum Associates. pp.79-94.

角山剛・松井賚夫・都築幸恵 2003「セクシュアル・ハラスメントを生む組織風土——統合過程モデルの検証」『産業・組織心理学研究』**17**, 25-33.

亀井孝・河野六郎・千野栄一（編著）1996『言語学大辞典　第6巻　術語編』三省堂

神尾昭雄 1990『情報のなわ張り理論——言語の機能的分析』大修館書店

唐沢穣 2010「態度と態度変化」池田謙一・唐沢穣・工藤恵理子・村本由紀子『社会心理学』有斐閣 pp.135-158.

Kashima, Y., Klein, O., & Clark, A. E. 2007 "Grounding: Sharing information in social interaction". In K. Fiedler (Ed.) *Social communication*. New York: Psychology Press. pp.27-77.

Kashima, Y., Fiedler, K., & Freytag, P. (Eds.) 2008 *Stereotype dynamics: Language-based approaches to stereotype formation, maintenance, and transformation*. New York: Lawrence Erlbaum.

片田珠美 2015『自分のついた嘘を真実だと思い込む人』朝日新聞出版（朝日新書）

加藤重広 2009『その言い方が人を怒らせる——ことばの危機管理術』筑摩書房（ちくま新書）

川上善郎 1997『うわさが走る——情報伝播の社会心理』サイエンス社

香山リカ 2015「拝金と愛国——結集する富裕層　エリウヨという新階層」『AERA』2015.8.10. 32-33.

Keltner, D., Young, R. C., Heerey, E. A., Oemig, C., & Monarch, N. D. 1998 "Teasing in hierarchical and intimate relations". *Journal of Personality and Social Psychology*, **75**, 1231-1247.

期待の形成プロセスの検討」『教育心理学研究』**56**, 523-533.
飛田操 2011「親密な関係でのミス・コミュニケーション」岡本真一郎（編）『ミス・コミュニケーション――なぜ生ずるか　どう防ぐか』ナカニシヤ出版 pp.67-82.
飛田操・大渕憲一 1991「夫婦の葛藤経験と葛藤解決方略について」『日本心理学会第55回発表論文集』688.
Higgins, E. T. & McCann, C. D. 1984 "Social encoding and subsequent attitudes, impressions, and memory: 'Context-driven' and motivational aspects of processing". *Journal of Personality and Social Psychology*, **47**, 26-39.
Higgins, E. T. & Rholes, W. S. 1978 "'Saying is believing': Effects of message modification on memory and liking for the person described". *Journal of Experimental Social Psychology*, **14**, 363-378.
平山順子・秋山泰子 2004「夫婦の職業生活とコミュニケーション」『家族心理学年報』**22**, 53-66.
平山順子・柏木惠子 2001「中年期夫婦のコミュニケーション態度――夫と妻は異なるのか？」『発達心理学研究』**12**, 216-227.
Hirsch, A. R. & Wolf, C. J. 2001 "Practical methods for detecting mendacity: A case study". *The Journal of the American Academy of Psychiatry and the Law*, **29**, 438-444.
Hughes, G. I. 2006 *An encyclopedia of swearing: The social history of oaths, profanity, foul language, and ethnic slurs in the English speaking world*. New York: M. E. Sharpe.
井出祥子 2006『わきまえの語用論』大修館書店
Iganski, P. & Lagou, S. 2009 "How hate crimes hurt more: Evidence from the British Crime Survey". In P. Iganski（Ed.）*The consequences of hate crime*. Westport: Praeger. pp.1-13.
池上知子 2014「差別・偏見研究の変遷と新たな展開――悲観論から楽観論へ」『教育心理学年報』**53**, 133-146.
池谷孝司 2014『スクールセクハラ――なぜ教師のわいせつ犯罪は繰り返されるのか』幻冬舎
池内裕美 2010「苦情行動の心理的メカニズム」『社会心理学研究』**25**, 188-198.
池内裕美 2011「モンスター化する消費者たち」『日本社会心理学会公開シンポジウム「消費の病理――逸脱的消費者行動の現状に迫る」』
今村守之 2011『問題発言』新潮社（新潮新書）

Franco, F. M. & Maass, A. 1999 "Intentional control over prejudice: When the choice of the measure matters". *European Journal of Social Psychology*, **29**, 469-477.
福島治 2010「家庭の人間関係」相川充・高井次郎（編著）『コミュニケーションと対人関係』誠信書房 pp.212-230.
古谷経衡 2013「嫌韓とネット右翼はいかに結びついたのか」安田浩一・岩田温・古谷経衡・森鷹久『ヘイトスピーチとネット右翼——先鋭化する在特会』オークラ出版 pp.43-70.
Gibbs, R. W. Jr. 2001 "Intentions as emergent products of social interactions". In B. F. Malle, L. J. Moses, & D. A. Baldwin（Eds.）*Intentions and intentionality: Foundations of social cognition*. Cambridge, Massachusetts: The MIT Press. pp.105-122.
Gilovich, T., Savitsky, K., & Medvec, V. H. 1998 "The illusion of transparency: Biased assessments of other's ability to read one's emotional status". *Journal of Personality and Social Psychology*, **75**, 332-346.
Glick, P., Diebold, J., Bailey-Werner, B., & Zhu, L. 1997 "The two faces of Adam: Ambivalent sexism and polarized attitudes toward women". *Personality and Social Psychology Bulletin*, **23**, 1323-1334.
Greenberg, J. & Pyszczynski, T. 1985 "The effect of an overheard ethnic slur on evaluations of the target: How to spread a social disease". *Journal of Experimental Social Psychology*, **21**, 61-72.
Grice, H. P. 1975 "Logic and conversation". In P. Cole & J. L. Morgan（Eds.）*Syntax and semantics, 3: Speech acts*. New York: Academic Press. pp.41-58.
Gutek, B. A. & Done, R. S. 2001 "Sexual harassment". In R. K. Unger（Ed.）*Handbook of the psychology of women and gender*. John Wiley & Sons. 松並知子（訳）2004「セクシュアル・ハラスメント」森永康子・青野篤子・福富護（監訳）『女性とジェンダーの心理学ハンドブック』北大路書房 pp.434-459.
はんざわかんいち 2015「ありがタめいわく」『日本語学』**34**（4）（4月号）, 45.
原ひろ子・藤原千賀 1991「性的嫌がらせ（セクシャル・ハラスメント sexual harassment）」露木和男（編）『情報知識 imidas』集英社 p.1034.
葉山大地・櫻井茂男 2008「過激な冗談の親和的意図が伝わるという

Clark, H. H. 1996 *Using language*. Cambridge: Cambridge University Press.

Colston, H. L. 1997 "Salting a wound or sugaring a pill: The pragmatic functions of ironic criticism". *Discourse Processes*, **23**, 25-45.

Cornwell, B. & Lundgren, D. C. 2001 "Love on the Internet: Involvement and misrepresentation in romantic relationships in cyberspace vs. realspace". *Computers in Human Behavior*, **17**, 197-211.

Craig, K. M. 2002 "Examining hate-motivated aggression: A review of the social psychological literature on hate crimes as a distinct form of aggression". *Aggression and Violent Behavior*, **7**, 85-101.

DePaulo, B. M., Kashy, D. A., Kirkendol, S. E., Wyer, M. M., & Epstein, J. A. 1996 "Lying in everyday life". *Journal of Personality and Social Psychology*, **70**, 979-995.

DePaulo, B. M., Lindsay, J. J., Malone, B. E., Muhlenbruck, L., Charlton, K., & Cooper, H. 2003 "Cues to deception". *Psychological Bulletin*, **129**, 74-118.

Dews, S., Kaplan, J., & Winner, E. 1995 "Why not say it directly? The social functions of irony". *Discourse Processes*, **19**, 347-367.

DiFonzo, N. 2008 *The watercooler effect: A psychologist explores the extraordinary power of rumors*. New York: Avery. 江口泰子（訳）2011『うわさとデマ——口コミの科学』講談社

Dodge, K. A. 1980 "Social cognition and children's aggressive behavior". *Child Development*, **51**, 162-170.

Ekman, P. 1985 *Telling lies: Clues to deceit in the marketplace, politics, and marriage*. New York: W. W. Norton & Company. 工藤力（訳編）1992『暴かれる嘘——虚偽を見破る対人学』誠信書房

Endo, Y. 2007 "Divisions in subjective construction of teasing incidents: Role and social skill level in the teasing function". *Japanese Psychological Research*, **49**, 111-120.

Epley, N., Keysar, B., Van Boven, L., & Gilovich, T. 2004 "Perspective taking as egocentric anchoring and adjustment". *Journal of Personality and Social Psychology*, **87**, 327-339.

Feldman, M. D. 2000 "Munchausen by Internet: Detecting factitious illness and crisis on the Internet". *Southern Medical Journal*, **93**, 669-672.

引用・参照文献

相川充 2009『新版　人づきあいの技術――ソーシャルスキルの心理学』サイエンス社

Allan, K. & Burridge, K. 2006 *Forbidden words: Taboo and the censoring of language*. Cambridge: Cambridge University Press.

Allport, G. W. 1954 *The nature of prejudice*. New York: Doubleday/Anchor. 原谷達夫・野村昭（共訳）1968『偏見の心理』培風館

Allport, G. W. & Postman, L. 1947 *The Psychology of rumor*. New York: Henry Holt and Co. 南博（訳）1952『デマの心理学』岩波書店

American Psychiatric Association 2000 *Quick reference to the diagnostic criteria from DSM-IV-TR*. 高橋三郎・大野裕・染矢俊幸（訳）2003『DSM-IV-TR　精神疾患の分類と診断の手引　新訂版』医学書院

安藤明人・曽我祥子・山崎勝之・島井哲志・嶋田洋徳・宇津木成介・大芦治・坂井明子 1999「日本版 Buss-Perry 攻撃性質問紙（BAQ）の作成と妥当性，信頼性の検討」『心理学研究』**70**, 384-392.

Asch, S. 1946 "Forming impressions of personality". *The Journal of Abnormal Social Psychology*, **41**, 258-290.

Augoustinos, M. & Every, D. 2007 "The language of 'race' and prejudice: A discourse of denial, reason, and liberal-practical politics". *Journal of Language and Social Psychology*, **26**, 123-141.

Bem, D. J. 1972 "Self-perception theory". In L. Berkowitz（Ed.）*Advances in Experimental Social Psychology*. Vol. 6. New York: Academic Press. pp.1-62.

Bond, C. F. Jr. & DePaulo, B. M. 2006 "Accuracy of deception judgements". *Personality and Social Psychology Review*, **10**, 214-234.

Brown, P. & Levinson, S. C. 1987 *Politeness: Some universals in language usage*. Cambridge: Cambridge University Press.

Carmichael, L., Horgan, H. P., & Walter, A. A. 1932 "An experimental study of the effect of language on the reproduction of visually perceived form". *Journal of Experimental Psychology*, **15**, 73-86.

Carnaghi, A., Maass, A., Gresta, S., Bianchi, M., Cadinu, M., & Arcuri, L. 2008 "*Nomina sunt omina*: On the inductive potential of nouns and adjective in person perception". *Journal of Personality and Social Psychology*, **94**, 839-859.

中京テレビ 2015.3.16「ミヤネ屋」

岡本真一郎（おかもと・しんいちろう）

1952年，岐阜県生まれ．1982年，京都大学大学院文学研究科博士課程（心理学専攻）満期退学．愛知学院大学文学部講師，助教授，教授等を経て，現在，同大学心身科学部心理学科教授．1994年，ブリストル大学客員研究員．博士（文学）．専攻・社会心理学．

著書『言語の社会心理学』（中公新書，2013）
『ミス・コミュニケーション――なぜ生ずるか　どう防ぐか』（編，ナカニシヤ出版，2011）
『ことばの社会心理学』第4版（ナカニシヤ出版，2010）
『ことばのコミュニケーション――対人関係のレトリック』（編，ナカニシヤ出版，2007）
『言語的表現の状況的使い分けに関する社会心理学的研究』（風間書房，2000）
ほか

悪意《あくい》の心理学《しんりがく》
中公新書 *2386*

2016年7月25日発行

著　者　岡本真一郎
発行者　大橋善光

本文印刷　三晃印刷
カバー印刷　大熊整美堂
製　　本　小泉製本

発行所　中央公論新社
〒100-8152
東京都千代田区大手町 1-7-1
電話　販売 03-5299-1730
　　　編集 03-5299-1830
URL http://www.chuko.co.jp/

Published by CHUOKORON-SHINSHA, INC.
Printed in Japan　ISBN978-4-12-102386-5 C1211

中公新書刊行のことば

いまからちょうど五世紀まえ、グーテンベルクが近代印刷術を発明したとき、書物の大量生産は潜在的可能性を獲得し、いまからちょうど一世紀まえ、世界のおもな文明国で義務教育制度が採用されたとき、書物の大量需要の潜在性が形成された。この二つの潜在性がはげしく現実化したのが現代である。

いまや、書物によって視野を拡大し、変りゆく世界に豊かに対応しようとする強い要求を私たちは抑えることができない。この要求にこたえる義務を、今日の書物は背負っている。だが、その義務は、たんに専門的知識の通俗化をはかることによって果たされるものでもなく、通俗的好奇心にうったえて、いたずらに発行部数の巨大さを誇ることによって果たされるものでもない。現代を真摯に生きようとする読者に、真に知るに価いする知識だけを選びだして提供すること、これが中公新書の最大の目標である。

私たちは、知識として錯覚しているものによってしばしば動かされ、裏切られる。私たちは、作為によってあたえられた知識のうえに生きることがあまりに多く、ゆるぎない事実を通して思索することがあまりにすくない。中公新書が、その一貫した特色として自らに課すものは、この事実のみの持つ無条件の説得力を発揮させることである。現代にあらたな意味を投げかけるべく待機している過去の歴史的事実もまた、中公新書によって数多く発掘されるであろう。

中公新書は、現代を自らの眼で見つめようとする、逞しい知的な読者の活力となることを欲している。

一九六二年一一月

中公新書

心理・精神医学

c1

- 2125 心理学とは何なのか　永田良昭
- 481 無意識の構造　河合隼雄
- 557 対象喪失　小此木啓吾
- 2061 認知症　池田学
- 1749 精神科医になる　熊木徹夫
- 515 少年期の心　山中康裕
- 346 続・心療内科　池見酉次郎
- 1324 サブリミナル・マインド　下條信輔
- 2202 言語の社会心理学　岡本真一郎
- 1859 事故と心理　吉田信彌
- 666 犯罪心理学入門　福島章
- 565 死刑囚の記録　加賀乙彦
- 1169 色彩心理学入門　大山正
- 318 知的好奇心　波多野誼余夫・稲垣佳世子
- 599 無気力の心理学　波多野誼余夫・稲垣佳世子
- 907 人はいかに学ぶか　稲垣佳世子・波多野誼余夫
- 2238 人はなぜ集団になると怠けるのか　釘原直樹
- 1345 考えることの科学　市川伸一
- 757 問題解決の心理学　安西祐一郎
- 2386 悪意の心理学　岡本真一郎

社会・生活

l 1

1242 社会学講義　富永健一
1910 人口学への招待　河野稠果
2282 地方消滅　増田寛也編著
2333 地方消滅　創生戦略篇　増田寛也　冨山和彦
2355 東京消滅―介護破綻と地方移住　増田寛也編著
1914 老いてゆくアジア　大泉啓一郎
760 社会科学入門　猪口　孝
1479 安心社会から信頼社会へ　山岸俊男
2322 仕事と家族　筒井淳也
2070 ルポ　生活保護　本田良一
2121 老後の生活破綻　西垣千春
1894 私たちはどうつながっているのか　増田直紀
2100 つながり進化論　小川克彦
2138 ソーシャル・キャピタル入門　稲葉陽二
2184 コミュニティデザインの時代　山崎　亮

2037 社会とは何か　竹沢尚一郎
1537 不平等社会日本　佐藤俊樹
265 県民性　祖父江孝男
1966 日本と中国―相互誤解の構造　王　敏
1164 在日韓国・朝鮮人　福岡安則
2180 被災した時間―3・11が問いかけているもの　斎藤　環